DES

ABERRATIONS DU SENTIMENT,

PAR

Bernard SCHNEPF,

Docteur en Médecine de la Faculté de Paris,
Médecin interne de Sainte-Barbe,
ex-Interne en Médecine et en Chirurgie des Hôpitaux civils,
Lauréat (Prix de Clinique, Médaille d'Or) de la Faculté de Médecine de Paris,
Lauréat (Prix Lefèvre) de l'Académie impériale de Médecine,
Membre de la Société médicale d'Observation, etc.

PARIS.

LABÉ, LIBRAIRE DE LA FACULTÉ DE MÉDECINE,
place de l'École-de-Médecine ;

J.-B. BAILLIÈRE, LIBRAIRE DE L'ACADÉMIE DE MÉDECINE,
rue Hautefeuille, 19 ;

KLINCKSIECK, LIBRAIRIE ÉTRANGÈRE,
rue de Lille, 11.

1855

Le domaine de la pathologie psychique est mal connu, et plus mal exploré encore. Les difficultés sans nombre qu'on rencontre, en abordant l'étude de cette partie des sciences médicales, sont de la nature de celles qui rebutent et découragent. Elles sont, d'une part, inhérentes au sujet même qui embrasse à la fois les fonctions du corps et les facultés de l'âme; elles tiennent, d'autre part, aussi à la divergence des opinions qui encombrent aujourd'hui la science, surtout en France, où n'existe aucune espèce de contrôle; tout y est contesté, même le mot qui doit servir à qualifier ces maladies. Pour les uns, ce sont des maladies de l'âme, des maladies psychiques. Mais l'âme peut-elle être malade? Serait-ce un état d'expiation, comme le pensent Heinroth et son école? Pour d'autres, tels que Nasse, Jacobi, Zeller, Damerow, Flemming, et toute la pléiade des psychiatres allemands, il faut entendre par là le trouble, le désordre des facultés de l'âme. Il n'y aurait qu'un ordre de facultés plus particulièrement lésé, d'après Rush et Esquirol. Mais, dans cette hypothèse, est-ce la sensibilité, l'intelligence, ou la volonté, qui est troublée? Peut-on admettre l'existence de maladies sentimentales ou morales, de maladies intellectuelles ou mentales, et de maladies de la volonté?

La solution de ces importantes et sérieuses questions d'anthropologie pathologique ne mérite pas moins que d'occuper, de remplir la vie d'un homme; mais il ne faut pas s'attendre à y arriver par des discussions futiles, des réfutations étroites d'idées et d'opinions plus étroites encore. Nous pensons que ce n'est que par l'étude de l'homme sain qu'on peut parvenir à apprécier ses états morbides;

toutefois il ne faudrait pas se borner à l'examen des constitutions organiques, on aurait ainsi une idée incomplète de l'homme. Tout l'homme, le corps et l'âme, est indispensable à l'homme !

Étudier l'homme, c'est observer ses qualités physiques et ses facultés psychiques : *ars tota in observationibus.* Quel est le médecin qui oserait prétendre reconnaître une maladie, quand il ne l'a pas observée au moins une fois? En psychiatrie, ce qui manque surtout, ce sont les observations, ces récits sévères, basés sur la biologie humaine, et suffisamment détaillés pour préciser, non-seulement à l'aide de symptômes positifs, ce qui est; mais encore pour distinguer cet état de tous les autres analogues, par l'interprétation des signes négatifs. En rassemblant ensuite un nombre imposant de pareilles observations (*perpendendæ et numerandæ observationes*), on pourra décrire une maladie, établir les rapports, et fixer la place qu'elle doit occuper dans le cadre nosologique. Ce n'est pas ainsi que procèdent, en général, les aliénistes.

Notre voie était donc toute tracée, quand nous sommes entré à la Salpêtrière, il y a près de trois ans, en qualité d'interne du vaste service de M. Mitivié. Nous n'avons pas tardé, en faisant l'inventaire scientifique de la section des enfants épileptiques, idiots et imbéciles, de rencontrer des petites filles qui n'étaient rien de tout cela, mais qui, par contre, étaient menteuses, voleuses, vicieuses sous tous les rapports. Ayant reconnu l'origine, la cause de cette infirmité morale, nous étions curieux de savoir si la même chose se présentait aussi chez les petits garçons. Nous nous sommes adressé à M. le Dr Delasiauve, médecin de la section des enfants, à Bicêtre, qui a mis à notre disposition et son service et ses notes, avec une bienveillance et une abnégation dont nous nous plaisons à lui témoigner ici notre vive reconnaissance. Nous n'avons pas trouvé de garçon présentant les désordres psychiques que nous signalons dans ce travail; mais des faits de ce genre n'ont cependant pas échappé à cet observateur; il les a provisoirement consignés comme dépendant d'un caractère instable, mobile, capricieux, et amenant le plus souvent,une maladie psychique. Nous rapporterons deux faits que nous devons à l'obligeance de M. Delasiauve.

Nous avons bien cherché aussi, dans les annales de la science, des observations pouvant présenter quelque analogie avec les faits que nous avons sous les yeux ; mais, en exceptant celui rapporté par Parent-Duchâtelet et cité par Marc (*De la Folie*, t. 1, p. 96), comme une lésion *de la volonté*, nous n'avons trouvé nulle part traités les désordres de l'âme que nous allons décrire. Puissions-nous ne pas faillir dans la tâche que nous nous imposons ! Puissions-nous concourir, par notre faible intervention, à améliorer le sort de tant d'enfants vicieux par défaut d'une éducation convenable ; de tant de malheureux qui, s'ils échappent à la sévérité des lois, sont sûrement prédisposés aux terribles maladies psychiques ! et nous aurons la consolation de ne pas avoir inutilement introduit une variété morbide nouvelle dans le cadre des maladies psychiques.

DES
ABERRATIONS DU SENTIMENT.

CHAPITRE Ier. — DU SENTIMENT.

Τὸ δὲ ζῶον διὰ την αισθησιν πρωτως.
(ARIST., *de Anim.*, B. 2.)

L'homme est une dualité composée d'esprit et de matière, formant une unité. Si le corps est l'esclave de l'âme, il est aussi soumis aux lois de la matière ; tous deux sont distincts, quoique unis dans la même personnalité. Les philosophes de l'antiquité, les pythagoriciens, et Platon après eux, ont appelé ψυχη un principe animateur dont ils ont doué non-seulement l'homme et les animaux, mais encore les plantes ! Aristote même accordait un principe analogue aux corps inorganiques.« Les philosophes, dit M. le professeur Andral, embrassaient à la fois, dans leurs études, le monde physique, le monde physiologique, le monde intellectuel et le monde moral. C'étaient les mêmes hommes qui étudiaient les phénomènes astronomiques, qui examinaient les organes des animaux, cherchaient à découvrir, par l'observation ou par l'hypothèse, la cause des phénomènes qui se passent dans les corps vivants, suivaient ces phénomènes dans leurs aberrations, les maladies, analysaient l'intelligence et ses actes..., et s'élevaient jusqu'à la connaissance de Dieu et de l'âme. »(*Histoire de la médecine depuis Hippocrate jusqu'à nos jours*. Le cours de la Faculté de méd. de Paris, 1852-1853 ; voyez *l'Union médicale,* 1853, n° 13.)

L'homme s'élève au-dessus des autres êtres par la supériorité de son âme ; il occupe le premier rang dans la création, parce que Dieu, à l'exclusion de toutes les autres créatures, lui a donné la parole, et lui a permis d'élever ses regards vers lui. L'homme seul est doué de la station verticale. Voilà ce qui le distingue des autres êtres. On a bien cherché, dans ces derniers temps surtout, s'il faut admettre une âme chez les bêtes, quelles facultés elle a de commun avec l'âme humaine, et comment elle en diffère ; mais ce sont là de pures considérations psychologiques dont l'examen nous conduirait trop loin. Qu'il nous suffise d'admettre avec Aristote (*de Anim.,* t. 3), qui, à l'exemple d'Empédocle et d'Homère, a doué l'homme non-seulement de la faculté de connaître ce qui est, mais encore de la faculté de distinguer ce quelque chose de toutes les autres, qu'il nous suffise de poser ce fait indubitable, que le caractère commun à tous les êtres animés est la sensibilité, prise dans son acception la plus large. L'animal, disons-nous en tête de ce chapitre, avec Aristote, n'est tel que par sa sensibilité. La physiologie nous apprend que son siége est dans le système nerveux, avec lequel toutes les parties du corps ont des rapports intimes.

Deux forces, en effet, opposées et contraires comme dans un aimant, résident dans le système nerveux : l'une, centripète, transmet au cerveau les impressions sensibles du monde physique et psychique ; l'autre, centrifuge, émet les ordres du libre arbitre, de la conscience, de cette voix de la vertu dans l'homme (saint Augustin).

Les impressions sensibles ont reçu différentes dénominations, suivant la diversité de leur origine. « Il y a, dit M. Cousin (*du Vrai, du beau et du bien,* 114), en quelque sorte deux sensibilités : l'une tournée vers le monde extérieur, et chargée de transmettre à l'âme les impressions qu'il envoie, l'autre tout intérieure, qui correspond à l'âme, comme la première correspond à la nature ; sa fonction est de recevoir l'impression et comme le contre-coup de ce qui se

passe dans l'âme. » Ces distinctions établies par le philosophe français sont modifiées par les philosophes allemands, observateurs
plus sévères des lois de la biologie. Ils appellent sensations objec-
tives les impressions que l'homme reçoit du monde extérieur; sensations subjectives, celles qu'il puise dans sa propre constitution,
telles : la faim, la soif, etc., la satisfaction qui résulte de l'harmonie
des fonctions. Le sentiment, qui, selon M. Cousin, participe de la
sensation et de la pensée, est distinct de la sensation par son origine tout psychique. Par conséquent il se subdivisera en sentiment
intellectuel, si l'âme jouit ou souffre par suite de quelque opéra-
tion de l'intelligence, comme, par exemple, de la découverte de
quelque vérité. « Il semble, dit encore M. Cousin, que l'intelligence ait aussi son organe intime, qui souffre ou jouit, selon l'état
de l'intelligence. » Ce sentiment, basé sur la pensée, les notions et
les idées, ne peut être confondu, en saine psychologie, avec cette
faculté de l'âme que les Allemands appellent *Gemüth*, et qui, chez
nous, correspond à *moral, sentiments affectifs*. Il est le sentiment
par lequel l'âme jouit ou souffre suivant l'harmonie, les dispositions
du moi, et dont les éléments sont l'amour, le beau et le bien.
Donc, pour nous, *le sentiment est cette faculté complexe par laquelle l'âme sent les impressions intellectuelles et morales.*

Si nous examinons quelle est l'importance, quel est le rôle du sentiment dans les opérations de l'âme, nous apprenons des stoïciens
que l'âme se nourrit du beau et du bien ; nous venons de prouver
qu'il faut y ajouter aussi du vrai. Philon dit que le sentiment est
pour l'âme comme une pluie bienfaisante qui arrose la terre ; il est
l'aliment de l'âme, comme la matière est l'aliment du corps. « De
même, dit Schubert (*Gescht. der Seele*, t. 2, p. 211), qu'un excès
d'aliments ou de boissons jette le corps dans un état d'hébétude ou
d'ivresse, dans lequel il n'est plus maître de lui-même, tandis qu'il
est gouverné par la force de l'aliment ; de même l'excès dans le sentiment engendre les passions qui enivrent et dégradent l'âme. » Les
passions ont sur l'âme l'effet de l'éclair sur les yeux (Philon, *de Dec.*

oracul., t. **2**, p. 204). Cependant les passions sont loin d'agir de la
même manière : la joie, la colère, etc., précipitent les décisions de
la volonté ; la tristesse, la crainte, etc., les retardent. Des troubles, de véritables maladies psychiques, peuvent naître sous l'influence et par la durée des unes et des autres. L'étude que nous nous
proposons de faire des observations du sentiment nous portera aussi
à examiner leur importance dans les conditions prédisposant aux
maladies psychiques.

CHAPITRE II. — LOCALISATION DU SENTIMENT.

> Ie emfindungsloser, desto psychischer,
> desto centraler wird ein Hirnorgan werden.
> (HUSCHKE, *Schœdel, Hirn u. Seele*;
> Iena, 1854.)

Nous avons déjà écarté les opinions purement spéculatives des
anciens relativement au siége de l'âme, qu'ils mettent tantôt dans
le cerveau, tantôt dans le sang et le cœur, tantôt dans la région
épigastrique, etc. etc., et nous avons rappelé que la physiologie
moderne, surtout de ces derniers temps, parvient à confirmer expé-
rimentalement les résultats auxquels l'analyse psychologique nous
conduit.

Les deux forces centripète et centrifuge de l'âme, la sensibilité
et la motilité, sont déjà localisées et distinctes dans la moelle : à
celle-là correspondent les faisceaux postérieurs, à celle-ci les
cordons antérieurs ; mais ni les uns ni les autres ne paraissent (?)
pouvoir se passer de la partie centrale. En poursuivant ces con-
ducteurs, on voit les fibres sensitives converger vers les hémisphères cérébraux, tandis que les fibres motrices se concentrent
pour la plupart dans le cervelet. Du reste, les vivisections de

M. Flourens, répétées et confirmées en Allemagne, en Angleterre et en France, prouvent que la sensibilité se localise surtout dans le cerveau, et la motilité surtout dans le cervelet. L'ablation des hémisphères cérébraux jette l'animal dans un état de somnolence et de torpeur, dans lequel il ne conserve plus qu'une sensibilité très-obtuse, tenant plutôt de la simple excitabilité nerveuse. Leur destruction pathologique chez l'homme engendre les divers degrés de l'idiotie ; dans ces cas, la motilité reste plus ou moins intacte, suivant les altérations du cervelet.

Le professeur Huschke vient de consigner, dans un travail consciencieux et substantiel, le résultat de ses recherches, poursuivies, pendant les neuf dernières années, sur l'anatomie et la physiologie comparées du crâne et du cerveau. Relativement au cervelet, il a trouvé que celui des oiseaux et des mammifères est proportionnellement plus grand que celui de l'homme. Chez les premiers, son rapport avec toute la masse cérébrale est compris entre 16 et 35 pour 100, tandis que chez celui-ci il n'est que de 12 pour 100. De là vient, selon lui, que l'activité surpasse l'intelligence chez les animaux ; de là vient également que beaucoup de personnes ne peuvent exprimer leurs pensées, quoique justes et bonnes, tandis que d'autres agissent aussitôt qu'elles perçoivent. Celles-là sont d'une nature trop impressionnable, chez elles c'est le cerveau qui prédomine ; celles-ci ont un caractère trop actif, chez elles prédomine le cervelet. Le savant professeur d'Iéna est arrivé encore au même résultat en employant un autre moyen : il a comparé le cerveau de l'enfant naissant, dont la faculté de coordination des mouvements est si faible, avec celui d'un adulte, et il a trouvé que le cervelet de l'enfant est représenté par 7 pour 100, tandis que celui de l'adulte l'est par 12 à 15 pour 100.

En décrivant, le premier, les vertèbres cérébrales, Huschke subdivisa les hémisphères en lobes antérieurs ou frontaux et en lobes temporo-pariétaux, qu'il ne faut pas confondre avec les lobes cérébelleux (*Mimices et physiogn. fragm. phys.;* Ienæ, 1821). Carus (1840) est revenu sur cette distinction et l'a admise également ; ils sont même d'accord pour placer les facultés intellectuelles dans les lobes frontaux (nous n'ignorons pas que des aliénistes français, méconnaissant les données physiologiques et pathologiques, localisent l'intelligence dans les lobes occipitaux), mais ils diffèrent quant au siége précis du sentiment, quoique l'un et l'autre l'établissent dans les lobes temporo-pariétaux. Carus pense que ce sont les tubercules quadrijumeaux qui président à cette importante fonction, parce qu'ils persistent dans toute la série animale vertébrée, et qu'ils sont principalement saillants dans la vie embryonnaire, ce qui est vrai ; mais, d'après les recherches récentes de Huschke, il n'est pas moins vrai que le lobe temporo-pariétal tout entier présente une masse plus grande à cet âge, tandis que les tubercules quadrijumeaux s'effacent, pour ainsi dire, chez l'adulte, chez lequel cependant le sentiment prédomine. D'ailleurs nous n'ignorons plus que ces renflements cérébraux ont des connexions avec les couches optiques, et qu'ils jouent un certain rôle dans la vision ; ni Carus ni Huschke ne leur accordent d'influence sur la motilité.

En mesurant, en pesant et en comparant une à une les différentes parties constitutives du cerveau de la femme et de l'homme, Huschke arrive à ce résultat définitif, que le lobe temporo-pariétal est plus volumineux, plus pesant chez la femme ; tandis que chez l'homme, c'est le lobe frontal qui prédomine par son poids et son volume. S'il est logique de conclure, en saine physiologie, qu'au développement et à la perfection d'un organe correspond aussi une fonction plus élevée et plus parfaite, il est permis d'appliquer à la psychologie physiologique les données positives obtenues par Huschke, et d'admettre avec lui que les propriétés psychiques les plus saillantes chez la femme doivent résider dans le lobe temporo-pariétal, et chez l'homme, dans les lobes frontaux. Les facultés psychiques sont les mêmes dans les deux sexes, elles agissent seulement dans des rapports différents et même inverses. « La femme, dit le savant professeur, l'emporte par la sensibilité, le sentiment ;

l'homme, par la raison. Celui-ci est guidé par des motifs, un jugement et une détermination ; la logique de la femme est toute de
sentiments ; de sorte que l'être n'est complet que par le rappro-
chement des deux sexes.» Il résulte donc de là que le centre, le
foyer du sentiment, existe dans le lobe temporo-pariétal, et celui
de l'intelligence dans le frontal. Mais ici nous arrivons dans les té-
nèbres : attendons que la physiologie, aidée de l'anatomie pathologique, vienne les dissiper ; rappelons seulement quelques hypo-
thèses qui pourront servir de jalons dans les recherches ultérieures.

Galien rapporte qu'avant lui déjà on plaçait l'esprit vital dans les
ventricules latéraux ; l'observation clinique et anatomo-patholo-
gique conduit Broussais à localiser le sentiment dans les parois de
ces mêmes ventricules ; Tood pense que ce n'est que la paroi inférieure, les couches optiques, qui sont le centre de la sensibilité ;
enfin Huschke, éliminant les renflements encéphaliques, dont l'irri-
tation se traduit par un mouvement centripète, arrive au point indifférent (*indifferenzpunkt*), qui pour lui est la circonvolution rentrée, appelée *corne d'Ammon*, et à laquelle Treviranus avait déjà
donné une importance analogue.

Quant à l'anatomie pathologique des aberrations du sentiment,
elle reste tout entière à créer. Il est à regretter toutefois que Bergmann ait voilé les faits qui lui sont propres par des expressions
beaucoup trop poétiques. Qu'entend-il, en effet, par «l'obstruction
de la chambre mystérieuse droite, dans laquelle l'esprit s'unit à la
vie?» (*Wo Giest u. Seele sich verehelichen.*) Qu'y a-t-il de sérieux et
d'intelligent dans ce qui suit? «Je crois avoir trouvé, après des recherches infatigables, le foyer organo-dynamique où les leviers de
tous les mouvements du corps (les cornes d'Ammon), se mettant au
service du principe spirituel, forment les premiers télégraphes de
sa volonté» (in *Psychiatrie*, t. 11).

CHAPITRE III. — Aberrations du sentiment.

> Toutes les passions sont bonnes de
> leur nature, et nous n'avons à redouter
> que leur mauvais usage et leur excès.
> (Descartes, *les Passions*, III, 2.)

À son entrée dans ce monde, l'homme annonce son existence par
un cri de douleur arraché à la partie la plus inhérente à son être,
à la sensibilité, qui fait son plus bel apanage dans cette vie, et qui
ne l'abandonne qu'avec ce souffle après lequel il ne reste plus rien,
πνεῦμα ἢ καπνός (Platon). Sentir, souffrir et jouir, ne semble cependant pas être le seul attribut de l'âme de l'enfant; s'il a des instincts
qui président à sa conservation, il a aussi, en germe du moins, le
sentiment qui implique l'intelligence. L'enfant qui sourit au sourire
de sa mère traduit un sentiment d'amour qui trahit déjà sa nature
spirituelle; mais ses actions sont encore toutes spontanées, étant
sollicitées seulement par les impulsions qui naissent de sa sensibilité.
Cette diversité des éléments du sentiment est une condition à l'é-
quilibre, à l'harmonie des opérations de l'âme; quand l'un d'eux
domine les autres, il en résulte des désordres, des troubles, des
luttes, qui retentissent dans tout l'être, qui enraient le développement régulier des facultés de l'intelligence, qui, par là surtout, rendent le libre arbitre impuissant, imbécile, et qui enfin exposent
l'homme à devenir le jouet de toutes les impressions, de toutes les
sensations, de toutes les passions. Il ne faudrait pas croire cependant que les instincts, les penchants, les passions, qui sont les plus
puissants mobiles de l'enfant, en fassent un être foncièrement mauvais, comme le prétendent certains philosophes : *Voluntas lœdendi
omnibus inest statu naturæ* (Hobes, *de Cive*, t. 1, p. 14). Ce ne sont
que leurs excès et leur mauvais usage qui, pour rappeler la pensée

de Descartes, les rendent mauvais; c'est par elles cependant que le sentiment est le plus souvent et le plus profondément attaqué. Leur origine remonte jusque dans la première période de l'enfance ; c'est dans l'éducation même de cette époque qu'il faut la chercher (les preuves ne nous manqueront pas). L'imperfection physique pourrait également amener de mauvais penchants et une nature méchante. Bergmann est porté à croire que cela pourrait tenir à la nature impuissante à résister à la violence des passions.

Nous pensons, avec Tilt et Froriep (*Hygiene des Weiblich geschl Weimar,* 1854), que le baiser de la mère éveille dans le cœur de son enfant le sentiment d'amour, de même qu'elle lui apprend, par son exemple, la pratique du bien, et qu'elle l'initie à la connaissance du vrai. D'ailleurs il paraît évident, pour la plupart des penseurs, que ce sont là autant de qualités déposées primitivement dans l'âme, et qui peuvent être développées; mais, qu'étant poussées dans une direction contraire, elles divaguent, errent et tombent dans toute espèce d'égarements, où elles entraînent en même temps le moi et le non-moi ; c'est là ce que nous entendons par aberration du sentiment,·déviation du droit chemin, tracé par Dieu même dans le cœur humain. Ces aberrations, qui livrent l'homme à tous les excès, dans le seul but de jouir et d'assouvir, sont des erreurs du sentiment bien avant d'être des erreurs de la raison et de la volonté; on ne peut cependant pas méconnaître chez l'enfant, comme à l'époque de Locke et de Condillac, une certaine participation de ces facultés, à la vérité inefficaces encore, dans les opérations de l'âme. «Il est étonnant, dit Rousseau (*Émile,* liv. 1), combien ces physionomies (des petits enfants) mal formées ont déjà d'expression ; leurs traits changent d'un instant à l'autre avec une inconcevable rapidité. Vous y voyez le sourire, le désir, l'effroi, naître et passer comme autant d'éclairs. » C'est en nous basant sur cette participation même, que nous pourrons distinguer les aberrations du sentiment des maladies psychiques et des nombreuses formes de dépravation que revêt le cœur humain.

CHAPITRE IV. — Étiologie des aberrations du sentiment.

> On ne suit pas toujours ses aïeux ni son père ;
> Le peu de soin, le temps, tout fait qu'on dégénère.
> Faute de cultiver la nature et ses dons,
> Oh ! combien de Césars deviendront Laridons !
>
> (La Fontaine, *l'Éducation*, VIII, 24.)

§ 1. Causes prédisposantes.

L'enfant naît avec des dispositions naturelles qui le rattachent au genre humain, à telle ou telle race, à telle ou telle souche, qui lui impriment, en un mot, le caractère de sa famille ; il reçoit ainsi les avantages et les désavantages d'un héritage naturel. D'après la définition des aberrations du sentiment, l'idée de prédispositions innées, d'influences physiques, devrait être complétement éloignée ; il n'en est cependant pas tout à fait ainsi : il y a des cas dans lesquels des prédispositions physiques et psychiques sont transmises par l'hérédité, même quand il s'agit des aberrations du sentiment. Il n'est pas excessivement rare, en effet, d'apprendre que tel enfant a non-seulement les traits de son père ou de sa mère, mais qu'il est doué du même caractère de douceur ou d'emportement, de droiture ou de mauvaise foi, de franchise ou d'hypocrisie, que le parent avec lequel il a de la ressemblance physique (jamais nous n'avons pu constater le rapport inverse). Nous nous hâtons d'ajouter cependant que cet héritage ne vient pas seulement *ab ovo*, qu'il n'est pas seulement l'acquis de l'acte générateur, mais qu'il est aussi et surtout l'héritage du cercle, du milieu, dans lequel l'enfant vit et grandit. Une observation d'aberrations simulées, que nous rapportons plus loin, confirmera cette dernière partie de notre proposition. La suivante est destinée à montrer l'influence de l'hérédité sur le caractère physique et sur le caractère psychique.

Ire OBSERVATION. — Aberrations du sentiment ; double influence de l'hérédité physique et psychique ; éducation de la première enfance nulle : absence du sentiment du bien et du vrai ; l'égoïsme, le vol et la méchanceté, sont les seuls mobiles de ses actions. Placée à la Salpêtrière à sept ans et demi, elle se montre vicieuse, corrompt d'autres petites filles, les bat, les vole ; elle est hypocrite, jouit du mal qu'elle fait aux autres ; elle-même brave les menaces, fuit le travail, sait cependant se rendre utile par intérêt, apprend à lire et à écrire, manque d'attention et de persévérance. Une juste sévérité amène de l'amélioration.

Le 2 novembre 1850, a été placée à la Salpêtrière la nommée Caroline Pr...., âgée de sept ans et demi, née à Gentilly, près Paris, où elle a été élevée par ses parents. Nous apprenons de l'oncle de cette petite fille qu'elle ressemble à sa mère, morte à la suite de couches ; que celle-ci était connue, dans son village, pour sa mauvaise langue, portant la désunion dans les familles et entre les amis, n'ayant point de constance, négligeant son ménage et ses enfants. Le père, homme sensé, mène une vie régulière ; il exerce l'état de paveur avec intelligence, et ne peut s'occuper de l'éducation de ses enfants. Son fils, d'une intelligence et d'une conduite régulière, lui ressemblant physiquement, est placé en apprentissage ; tandis que la fille, ne songeant qu'à jouer, courir, rapporter de mauvais propos sur toutes les personnes qu'elle connaît, ne peut être supportée nulle part ; elle vole partout et avec adresse, se livre à l'onanisme. Sa santé s'affaiblit, elle maigrit, pâlit ; ses facultés intellectuelles se développent, mais elles sont dominées par ses impulsions vicieuses. Le père, ne pouvant la surveiller, la place à la Salpêtrière.

A son entrée, nous apprenons qu'elle était bien petite, pâle, chétive, mais pas malade ; elle avait un air effronté, des manières brusques et impérieuses, aimant à conduire les enfants plus petits qu'elle, et cherchant à les corrompre ; elle vole d'une manière adroite et sans la moindre retenue, niant jusqu'à l'évidence les faits dont on l'accuse à bon droit. Les punitions ne peuvent rien contre ce penchant, il est impossible de la maintenir en classe, et quand il ne lui convient pas de travailler, elle le refuse avec une opiniâtreté que rien ne peut vaincre. C'est dans cet abandon qu'elle passe plusieurs années à la Salpêtrière, grandissant dans ses vices, et ne profitant ni des leçons qu'elle entend, ni des bons exemples qu'elle voit. Nous la voyons vers la fin de 1853, elle a alors onze ans, sa taille est de 1,242, ses membres sont en rapport avec le tronc ; sa tête est petite, le

crâne surtout est moins développé que la face; le front est bas, étroit, aplati sur les parties latérales; dans les régions temporales, il y a une légère proéminence, les bosses pariétales sont peu prononcées, les bosses occipitales le sont également assez peu. La face est large, aplatie; les yeux petits, de même que le nez. Les dimensions précises de la tête sont:

Circonférence fronto-occipale.......	0,485
Diamètre naso-occipital.............	0,153
— mento-vertex	0,198
— bimastoïdien.............	0,115
— bi-auriculaire........	0,113
— bi-orbitaire	0,108
Côté naso-auriculaire.............	0,098
— auriculo-maxillaire...........	0,098
— naso-maxillaire............	0,042

Les organes des sens fonctionnent régulièrement, de même que les appareils de la vie végétative; elle n'a jamais été malade. Elle est le plus souvent seule, ses compagnes la fuient, elles savent combien ses rapports sont, pour elles, des causes de punition. Elle est non-seulement voleuse et menteuse, mais encore gourmande et paresseuse; elle ne travaille le plus souvent que parce qu'on lui promet des friandises; exiger d'elle quelque chose quand cela ne lui plaît pas est inutile, elle est insensible aux reproches, aux punitions, aux privations même, et rien ne peut la faire céder; jamais elle ne pleure quand elle est punie. Quand elle prend part aux soins du ménage, elle s'en acquitte avec intelligence, promptitude et adresse. La souffrance chez les autres ne la touche pas; elle n'a ni compassion ni dévouement, et, pour satisfaire sa gourmandise ou sa passion du vol, elle n'hésite pas à frapper les enfants plus faibles qu'elle. Parfois elle va à l'école pendant un ou deux jours de suite; aussi a-t-elle à peine appris à reconnaître les lettres. Elle invente des contes de méchanceté sur les employées; elle cherche à surprendre les secrets, elle les débite hypocritement aux unes et aux autres, de manière à faire naître la désunion, la haine et des querelles. Elle comprend bien le mal qu'elle fait, elle en est contente, en rit comme du châtiment qui l'attend, et qu'elle brave avec son entêtement inflexible.

Les moyens mis en usage jusqu'ici pour corriger les défauts, les vices de cette jeune fille, ont consisté dans l'administration de douches froides, dans la privation de dessert, dans des punitions morales; mais la douceur, la persuasion, a toujours un effet immédiat bon, quoique peu durable. Il est survenu un peu d'amélioration depuis que nous l'avons présentée à tout le monde comme une menteuse dont il ne faut rien croire ; elle vole cependant toujours, ses actions sont toujours dictées par le plaisir de faire du mal et des méchancetés.

En octobre 1854, cette enfant est soustraite à l'influence d'une fille de service, dont la rigueur, les emportements et les vexations, irritaient et entretenaient ses mauvais penchants. La maîtresse la traite avec fermeté, mais aussi avec justice ; elle fléchit un peu cet entêtement si tenace, obtient qu'elle fréquente la classe plus assidûment, évite de blesser son amour-propre, et la rend moins désobéissante ; mais elle est toujours peu persévérante, ne témoigne d'affection à personne, est d'une jalousie extrême, et voudrait commander aux autres. Elle a de la mémoire, manque d'attention, ne sait conserver de suite dans ce qu'elle pense, sait ou veut. Elle apprend et comprend assez bien ce qu'on lui enseigne ; mais un caprice, un motif léger, un rien même, la blesse, la rend insensible, immobile, muette et inactive : ses facultés intellectuelles tendent à s'affaiblir.

Les sentiments affectifs, l'amour pour sa mère, une sympathie reconnaissante pour la personne qui le soutient dans sa faiblesse, se montrent dans l'enfant dès l'époque de la naissance. « Comme il ne peut rien faire, dit M. Saint-Marc-Girardin, il fait tout faire, et il s'habitue à la fois à l'inaction et au commandement. Ne servez pas trop l'enfant ; les enfants les plus servis sont les plus mal élevés. » (*Éducation ; Revue des deux mondes*, 1854.) Aussi on ne saurait trop blâmer certaines mères, qu'une tendresse aveugle rend esclaves des exigences capricieuses, des espiègleries de leur nourrisson ; combien elles auront à gémir de lui avoir accordé une première fois, peut-être sans trop réfléchir, ce qu'il réclame ensuite, même dans les premières semaines de son existence, avec des cris et des pleurs, dont la ténacité dénote déjà la prédominance d'un penchant, d'une passion mauvaise. Si elles ne répriment pas dès lors ses colères, ses tendances à pleurer sans motif, à mordre, à frapper par méchanceté, elles tolèrent déjà des aberrations du sentiment (le monde dit déjà de ces enfants qu'il ont *mauvais cœur*) ; elles les entretiennent en même temps dans une irritabilité, qui devient souvent la cause des affections nerveuses si redoutables à cet âge. Tilt et Froriep (loc. cit., 89) citent l'histoire d'une petite fille à laquelle on demande tous les matins ce qu'elle veut pour son dîner. Il est difficile de trouver quelque chose qui lui convienne ; elle a eu tous les jouets imaginables, rien ne peut plus exciter son intérêt : « Cette enfant, disent ces observateurs, est déjà blasée avant d'avoir atteint sa quatrième année. Quelle en sera la conséquence ? » C'est toujours dans la première enfance que nous avons rencontré les premières traces des aberrations du sentiment ; quand celles-ci apparaissent dans l'âge de la raison., comme dans le cas que nous rapporterons plus loin, elles doivent être considérées comme des prodromes d'une maladie psychique.

Après avoir découvert 6 cas d'aberration du sentiment parmi les petites filles de la Salpêtrière, dont le nombre total ne s'élève jamais au delà de 70, nous avons été bien surpris de ne pas rencontrer un seul cas parmi les petits garçons de Bicêtre, quoique leur nombre s'élève le plus ordinairement à 120. Toutefois M. Delasiauve, cet observateur éclairé, a conservé le souvenir de deux garçons qui ont séjourné dans son service pour des désordres semblables à ceux que nous lui signalons ; il nous a communiqué les notes qu'il en a conservées. Ainsi il existe une différence remarquable quant à l'influence du sexe comme cause des aberrations du sentiment. Nous en trouvons une explication naturelle dans les particularités anatomiques, constatées tout récemment par le professeur Huschke, entre le cerveau de la femme et celui de l'homme ; nous les avons consignées dans le chap. 2. Le savant professeur d'Iena en tire les conséquences logiques suivantes : « Chez la femme, le sentiment atteint une puissance à laquelle l'homme ne parvient jamais. L'amour, la piété et la beauté, sont l'apanage de l'un ; la liberté, la vérité et l'intérêt, prédominent chez l'autre ; *Nach freiheit strebt der Mann, das Weib nach Sitte.* » (Loc. cit., 182.)

D'après les considérations anatomiques dans lesquelles nous sommes entré plus haut, il serait assez logique de rechercher les rapports qui peuvent exister entre le développement du diamètre transversal du crâne et les variétés d'aberrations du sentiment ; mais nos observations cliniques sont trop peu nombreuses, et nous ne possédons pas de faits anatomo-pathologiques pour oser discuter la question sous ce point de vue. Toutefois il résulte de la comparaison des dimensions latérales du crâne de nos petites filles, avec les mêmes dimensions moyennes de crânes du même âge et du même sexe, que les diamètres latéraux bitemporal et bimastoïdien sont plus considérables chez elles ; mais la calotte crânienne est aussi affaissée chez elles, de telle sorte que la face paraît plus large. Nous considérons nos mensurations comme insuffisantes et incomplètes, surtout depuis que nous avons sous les yeux ce précieux travail du professeur Huschke, si riche en mensurations linéaires et cubiques de la boîte crânienne et du cerveau. Nous nous promettons de l'apprécier plus longuement ailleurs.

Parmi les causes physiques qui paraissent jouer un certain rôle dans la prédisposition aux aberrations du sentiment, nous devons mentionner l'imperfection physique, que Bergmann considère comme étant impuissante à résister à la violence des penchants et des passions. Nous allons rapporter une observation qui nous est propre, et qui nous permettra d'apprécier la valeur de l'opinion que nous émettons.

IIᵉ OBSERVATION. — Aberrations du sentiment : influence héréditaire ; imperfection physique ; manque de soins physiques et psychiques pendant la première enfance ; sentiments haineux contre les siens et contre la société ; passions viles et nuisibles à elle-même et aux autres ; mauvaise direction de l'intelligence dont les facultés sont affaiblies. Phénomènes hystériques.

Le 5 mai 1854, a été placée à la Salpêtrière la nommée Ag..., âgée de dix-sept ans et demi, née à Neuilly, près Paris, où elle habite avec ses parents. Le certificat joint à sa feuille d'admission est ainsi conçu : « .... Imbécillité, défaut de développement, mauvais instincts, lubricité, mauvais traitements envers ses frères ; incapacité de rien apprendre, parle à peu près bien ; a gâté jusqu'à l'âge de treize ans ; pas d'épilepsie. — LASÈGUE. »

La mère, qui nous donne des renseignements sur sa fille, est d'une intelligence saine et d'une taille au-dessus de l'ordinaire. Le père est grand également ; toutes les fois qu'il est pris, il court les rues sans but, crie, chante, fait des tours, des

4

extravagances, il devient fou; le calme ne revient qu'après que l'ivresse s'est dissipée : notre enfant lui ressemble par les traits du visage. La mère nous apprend qu'elle a eu 21 enfants, venus tous à peu près à terme et bien conformés ; mais ils sont morts en bas âge, à l'exception de 3, dont la nôtre est l'aînée. En venant au monde, celle-ci avait 1 pied et quelques pouces de long ; mais elle était grosse et forte. A douze ans, elle n'avait pas plus de 3 pieds, n'a jamais fait de maladie ; sa raison, comme sa taille, persiste, comme chez un enfant, tandis que son amour-propre et sa coquetterie grandissent : les autres enfants l'appellent Tom-Pouce. Elle est jalouse des caresses que ses parents prodiguent à sa sœur et à son frère ; elle seule voudrait être l'enfant préférée, tandis qu'elle est à peu près abandonnée, sans doute aussi négligée par ses parents, qu'elle est maltraitée par la nature. Elle vieillit sans grandir ; elle devient sombre, méchante, insensible à tout, excepté à la coquetterie ; elle ne témoigne d'affection à personne ; un jour même elle veut étouffer sa petite sœur en l'emmaillotant dans des draps, pour voir, dit-elle, comment on est quand on est mort ; mais la vérité est qu'elle obéisssait à une impulsion née de sa jalousie.

Dès l'âge de quinze ans, malgré sa taille d'enfant, elle recherche et fréquente des petits garçons, elle se livre à des attouchements impurs ; elle est malpropre, gourmande, menteuse et paresseuse. Il y a deux ans, ses parents l'envoient à l'école ; elle s'en va le matin avec les provisions pour la journée ; mais, au lieu de se rendre à l'école, elle entre au bois de Boulogne, et mendie jusqu'à ce qu'elle ait quelques sous ; puis elle les mange en friandises, s'amuse dans le bois avec des vauriens ; elle retourne chez elle le soir, l'estomac rempli, et prend néanmoins, avec les autres enfants, le souper de la famille ; dans la nuit elle a des indigestions. Cela dure ainsi dix jours, au bout desquels les parents apprennent tout et la retiennent chez eux. Leur surveillance n'est pas bien sévère, puisque cette petite fille nous apprend, dans des moments de franchise, qu'elle allait les dimanches, et souvent aussi les lundis, danser à la barrière avec sa tante et ses parents même. Elle ne fait que ce qui lui convient, n'apprend rien ; elle invente des méchancetés, n'épargne personne. Les gens de la maison et les voisins ont des sujets de plaintes contre elle ; aux uns elle fait des plaisanteries d'enfant, elle vole les autres, se moque de tous. Le besoin de nuire, si profondément enraciné en elle, la rend dangereuse ; elle le satisfait avec un cynisme affreux ; elle est sans cesse seule, repoussée partout, n'ayant ni affection ni dévouement ; elle ne paraît occupée que de tramer des méchancetés contre ses parents et les étrangers. C'est dans cet état que ses parents la placent à la Salpêtrière.

État présent. Cette jeune fille, âgée de dix-sept ans et demi, a la taille d'un enfant de douze ans ($1^m,235$) ; ses membres, proportionnés au tronc, sont assez

épais, les mains sont grosses; les téguments qui enveloppent les doigts sont gon-
flés, rougeâtres, comme après les engelures; sur les autres parties du corps, ils
sont d'une pâleur terne, ayant une adhérence normale avec les organes qu'ils
recouvrent. Les ganglions cervicaux sont régulièrement développés; la tête est
couverte de cheveux blonds extrêmement rares, le système pileux est en général
très-pauvre; les sourcils manquent presque, et le pubis est complétement glabre,
de même que les creux axillaires, tandis qu'il y a quelques poils follets entre les
épaules, dans toute la hauteur de la région dorsale. Le cou est assez maigre, la
glande thyroïde normalement développée; il n'y a pas de trace de goître. La tête
est large, un peu aplatie; cette largeur porte principalement sur le crâne, dont
les bosses pariétales sont très-prononcées, celle de gauche plus encore que celle
de droite, elles font suite aux bosses temporales; le front est haut, un peu saillant en avant, les bosses sont également développées; les bosses occipitales sont
peu proéminentes.

La face paraît flétrie, le nez est petit, ainsi que les lèvres de la bouche; la dentition est mauvaise, irrégulière; les dents, au nombre de 28, sont petites; la
première molaire inférieure, du côté droit, n'a pas de racines : c'est évidemment
une dent de lait.

Les dimensions précises de la tête sont :

Circonférence fronto-occipitale......	0,515
Diamètre naso-occipital...........	0,168
— bimastoïdien.............	0,122
— bi-auriculaire...........	0,115
— bi-orbitaire.............	0,103
— mento-vertex.............	0,208
Côté naso-auriculaire.............	0,088
— auriculo-maxillaire	0,091
— naso-maxillaire..............	0,043

Les organes des sens remplissent leurs fonctions régulièrement; la circulation,
la respiration et la nutrition, se font bien; les organes sexuels ne sont pas plus
développés que chez un enfant de douze ans, la vulve toutefois est infundibuli-
forme, le clitoris est d'un rouge vif et saillant; les règles ne sont pas apparues,
cependant depuis quelques mois cette jeune fille accuse par moments des dou-
leurs lombaires, elle n'a pas de leucorrhée; elle recherche le voisinage des
hommes, elle aime aussi à embrasser ses petites camarades; on la voit les caresser, mais on n'a pas encore remarqué si elle se livre à l'onanisme. La marche est
assez dégagée, elle saute, elle court comme ses compagnes; mais elle n'a pas de

gaieté franche. Nous remarquons surtout, au bout de quelques mois, qu'elle est maussade, capricieuse, jalouse des soins, des caresses, qu'on donne à ses camarades. Quand on lui parle, elle prend une contenance timide, des manières d'enfant ; ce qui contraste singulièrement avec les réponses brèves, faites avec un ton d'impatience et de mauvaise humeur. Rien ne la touche, elle n'a d'affection réelle pour personne ; le souvenir de ses parents assombrit son visage. Elle nous raconte en souriant qu'elle a voulu étouffer sa petite sœur, parce qu'on l'aime plus qu'elle, et ajoute : pour savoir comment elle serait étant morte (mais cela est une leçon mal apprise) ; la punition qu'elle aurait méritée ne l'épouvante pas. Elle a d'ailleurs du plaisir à passer pour singulière, extravagante ; elle a besoin qu'on la remarque, qu'on s'occupe d'elle ; sa petite vanité n'est jamais plus contrariée que lorsqu'on ne fait pas attention à elle : aussi quand nous nous occupons d'elle, quand nous l'examinons, elle semble être supérieure à ses compagnes. Sa coquetterie est excessive autant que son entêtement ; la contrarier, la contredire, la gronder, c'est s'exposer à se faire dire des gros mots, à la voir entrer dans des colères violentes. Si ce sont ses camarades qui la vexent, elle les bat, les mord ; si elle est trop faible, elle leur lance des yeux pleins de couroux, et cherche à leur nuire par quelque manière que ce soit. L'attention, chez elle, n'est pas soutenue, la mémoire est paresseuse, le sentiment du vrai fait autant défaut que le sentiment du bien. Sa paresse est bien grande, aussi elle ne sait ni lire, ni écrire, ni compter, ni coudre ; quand on le lui reproche, elle feint d'être honteuse.

Elle se soumet, mais non sans montrer sa mauvaise humeur, aux règles et à la discipline de la maison ; elle se rend utile dans le ménage ; elle est serviable, cependant son plaisir serait de détruire et de sévir. Depuis trois mois qu'elle est à la Salpêtrière, elle a eu, par suite de contrariétés, quelques accès hystériques, accompagnés d'impatiences et de colère, pendant lesquels elle déchire ce qu'elle trouve, mord ses compagnes, et pleure. D'autres fois, sans cause connue, elle change de couleur, pâlit, va et vient sans proférer une parole, ou se plaignant de maux de dents, de lourdeurs de tête, d'étouffements à l'épigastre ; elle a alors un air d'hébétude, de rêvasserie, et elle est dans une parfaite indifférence pour ce qui l'entoure. Dans cette état, elle n'est capable de rien, ne travaille pas, ne sait que vouloir être intéressante ; elle ne mange même pas. Cet état dure deux à trois jours.

Elle commence à apprendre à lire et à faire des lettres ; elle y porte peu de goût, n'a pas de mémoire, est incapable de retenir par cœur les prières quotidiennes, et son éducation intellectuelle est aussi peu avancée que le développement de ses facultés morales : ses actions sont dominées par les calculs de son orgueil et de sa vanité. Elle reste soumise à l'observation.

Nous rapprocherons de ce fait ceux cités par Bergmann (*Clepto-manie*, in *Psychiatrie*, t. 11). Il s'agit d'abord de trois garçons de dix-huit ans, qui, par le développement des os, des muscles et du système nerveux, ressemblaient à des enfants, et dont le penchant au vol était tellement irrésistible, qu'ils volaient encore même en prison ; un autre garçon, âgé de quatorze ans, ayant toujours été d'une taille de beaucoup inférieure à celle de l'âge correspondant, volait dès la septième année ; le jour même de sa première commu-nion, à quatorze ans, il pille à l'église le tronc des pauvres. Cette dernière circonstance prouve bien qu'il existait chez ce communiant des aberrations multiples du sentiment, et nous ne doutons pas que, si ces observations étaient complètes, nous ne trouvions quelques vices dans l'éducation de la première enfance.

Tous les médecins praticiens, et les mères surtout, savent com-bien les maladies physiques du premier âge exercent une influence fâcheuse sur l'état psychique de l'enfant. Tel qui auparavant était doux, affectueux, caressant, enjoué, est devenu irascible, méchant, égoïste, sombre et méfiant ; l'être s'est transformé en même temps que le sentiment. Ce sont surtout les névroses, mais aussi toutes les maladies qui atteignent les individus impressionnables, qui pré-disposent à ces aberrations. Dans de pareilles conditions, il est bien extraordinaire si des désordres nerveux ne viennent encore compliquer les troubles psychiques, comme cela a eu lieu chez la jeune fille dont nous livrons ici l'observation.

IIIᵉ OBSERVATION. — Aberrations du sentiment ; phénomènes convulsifs pendant la première dentition ; il n'est pas de désir, quelque extravagant qu'il soit, que sa famille ne satisfasse ; les exigences, les colères, les rages convulsives, augmentent ; égoïsme, mensonge, vol ; paresse physique et intellectuelle ; attaques épileptiques à dix ans ; affai-blissement des facultés intellectuelles ; placée à la Salpêtrière à quatorze ans ; traitement moral incomplet ; peu de modifications. Placement dans un couvent pénitentiaire.

Le 2 décembre 1851, a été placée à la Salpêtrière, dans le service de M. Mitivié, la nommée C..., âgée de quatorze ans, née à Paris, y étant élevée par ses parents. Nous apprenons de ces derniers que notre malade ressemble, par les traits du visage, plus à son père qu'à sa mère. Celle-ci est d'une bonne constitution physique, d'une intelligence assez commune, mais d'une tendresse bien grande pour cette enfant, la plus jeune de 5 enfants, dont 3 seulement vivent encore. Elle a deux sœurs beaucoup plus âgées, d'une bonne santé physique et morale; elles affectionnent plus particulièrement leur plus jeune sœur, et s'empressent à satisfaire tous ses caprices. Le père est assez simple d'esprit.

A l'époque de sa première dentition, cette enfant souffre beaucoup; des convulsions surviennent à l'âge de onze mois, mais ne présentent pas de gravité. Elle est élevée, sous les yeux de la mère, par une nourrice saine et honnête. A l'âge de trois ans, les convulsions reparaissent avec une intensité et une durée plus grandes; elles reviennent plusieurs fois en vingt-quatre heures, et plusieurs jours de suite, sans laisser d'ailleurs d'autres traces qu'un peu de prostration des forces. La petite fille jouissait d'une intelligence régulière, parlait, marchait, jouait, comme les autres enfants de son âge; elle était volontaire, méchante et irascible, ne témoignant d'affection à personne, pas plus à sa mère qu'à ses sœurs. Ses volontés, ses caprices enfantins, étaient satisfaits aussitôt qu'exprimés; gâtée ainsi par ces trois femmes, dès les premières années de la vie, cette enfant devient un fléau pour sa famille. Quand on lui résiste, elle se met dans de véritables rages, brise, casse, déchire ce qu'elle trouve sous sa main; menace ses parents de ses accès convulsifs, y tombe aussi fréquemment. Vers l'âge de dix ans, ces mouvements convulsifs sont accompagnés d'étouffement épigastrique, et de perte de connaissance parfois; ceux-ci ne surviennent que la nuit, durent quelques minutes, mais ne reviennent que trois ou quatre fois par an; tandis que ceux qui succèdent aux accès de rage la jettent dans un état de torpeur sans perte de connaissance, et surviennent beaucoup plus fréquemment. Cette fille ne se plaît pas en dehors de sa famille; elle ne fréquente l'école que quelques jours, pendant lesquels elle vole ses camarades, fait les mensonges les plus éhontés. Il est impossible de la garder, et la résistance qu'elle rencontre lui donne un dégoût insurmontable pour l'école; ses sœurs parviennent à grand' peine à lui apprendre à lire. Elles agissent un peu sur son caractère au moyen de la religion; mais aussi elles la rendent poltronne et superstitieuse sans éveiller un sentiment affectif, sans amoindrir son égoïsme. Tout doit céder devant ses caprices; sa famille ne peut plus rien lui refuser. S'il lui prend fantaisie d'avoir un chiffon, dût-on le chercher à l'autre bout de Paris, il faut le lui procurer, et, dès qu'elle a l'objet de sa convoitise, il lui déplaît; le mécontentement et le dédain sont les seules expressions de sa gratitude. Dans l'impossibilité de satisfaire les caprices de plus en plus bizarres et ruineux même de cette petite fille, dans la crainte aussi de voir augmenter les attaques épileptiformes et les rages, tandis que les facultés intellectuelles baissent visiblement, on la place à la Salpêtrière.

Le jour de son entrée dans cet asile, elle vole à une fille de service un mouchoir, le cache entre les matelas, soutenant, les larmes aux yeux, qu'elle ne l'a pas, qu'elle est innocente, jusqu'au moment où on le découvre. Il ne se passe presque pas de jour qu'elle ne commette un vol. Ses parents lui apportent des provisions, des fruits en grande quantité, afin surtout qu'elle en distribue à ses compagnes; mais elle n'en fait rien. Ce qu'elle ne peut manger est enfoui, caché, et elle aime mieux le laisser corrompre que de le partager avec ses camarades. Elle est vindicative et méchante; mais sa méchanceté ne s'exerce que contre les enfants plus faibles et plus jeunes qu'elle. Les contrariétés amènent des colères et des rages, dans lesquelles elle déchire ses vêtements, se roule par terre, se débattant, s'agitant avec des mouvements convulsifs, sans perte de connaissance toutefois. Les attaques épileptiformes sont plus rares; elles viennent dans la nuit, à peu près tous les deux ou trois mois; elles sont caractérisées par un aura commençant au pied gauche, remontant le long du membre pelvien, et se terminant par la suffocation épigastrique. Elle pousse un cri, perd connaissance; les membres s'agitent de mouvements cloniques et toniques; la respiration devient haute, stertoreuse; les pouces sont fortement fléchis dans les mains. Il n'y a ni mousse sur les lèvres ni morsure de la langue; la durée est de 1 à 2", puis elle s'endort, et le matin elle reprend son train de vie ordinaire, conservant de l'hébétude et de la torpeur.

Depuis un an que nous connaissons cette jeune fille, nous remarquons que les accès de rage deviennent moins fréquents; elle vole toujours, quoique moins souvent. Elle reste égoïste, méchante, pour le besoin de faire du mal, volontaire, têtue, ne montrant d'affection à personne, pas plus à ses parents qu'aux gens de service qui ont soin d'elle, les flattant cependant quand elle veut obtenir quelque chose, ou les trompant si elle ne peut réussir autrement. Chaque méfait est puni par la douche, et, si ce n'étaient les visites fréquentes de parents faibles, se laissant trop facilement attendrir, le traitement moral, consistant à réprimer les écarts, à la faire plier aux règles communes, aurait amené un résultat plus satisfaisant. La danse et les exercices de gymnastique lui déplaisent, elle est maladroite, lourde, pesante, et ses camarades se moquent d'elle. Elle n'a que très-peu de mémoire, et la raison d'un enfant gâté; elle apprend à lire, à écrire, à coudre. Elle fait sa première communion sans avoir compris le catéchisme, dont elle récite quelques passages; elle n'a jamais pu apprendre à compter. Elle est paresseuse; ce n'est qu'en lui promettant des récompenses qu'on parvient à la faire travailler au ménage.

Les organes des sens fonctionnent régulièrement, de même que les appareils de la vie végétative. Les règles se sont établies irrégulièrement depuis dix mois; elles viennent le plus souvent après un accès de fureur. On n'a d'ailleurs jamais remarqué des habitudes d'onanisme chez cette jeune fille. Pour sortir de l'asile, elle feint d'avoir de l'affection pour ses parents; elle leur écrit des lettres touchantes. On la retire le 15 mai 1853; mais, à peine rentrée dans sa famille, elle donne cours à ses mauvaises impulsions. On la place alors dans un couvent pénitentiaire.

Les dimensions précises de sa tête, à l'âge de quinze ans, sont:

Circonférence fronto-occipitale.........	0,534
Courbure naso-occipitale............	0,334
Diamètre naso-occipital.............	0,178
— bi-auriculaire..............	0,112
Côté naso-auriculaire...............	0,113
— auriculo-maxillaire.	0,102
— naso-maxillaire...............	0,050

Nous ne pouvons omettre de signaler ce besoin de voler ou du moins de prendre, de ramasser, qui existe dans une proportion notable sur les individus (5 fois sur 40, d'après Bergmann), quoique ce ne soient pas, à proprement parler, des aberrations du sentiment. Chez l'aliéné, le sentiment est aboli, de même que la conscience ou le libre arbitre; il n'obéit qu'à des sensations, à des instincts, tout comme les sauvages de l'océan Pacifique, dont parle Forster, et qu'il représente sous l'impression d'un penchant irrésistible à s'emparer d'une chose agréable. C'est là la nature brute, instinctive; le sauvage n'en est jamais sorti, et le fou y est retombé sous bien des rapports.

§ 2. CAUSES OCCASIONNELLES.

Le sentiment peut être perverti de mille manières par l'éducation, qui, pour nous, commence à la naissance. La société moderne surtout ne paraît pas être de cet avis; elle n'enlèverait pas à la mère la frêle créature qu'elle vient d'enfanter, qui a autant besoin de son sourire caressant, de sa tendresse intelligente, que du sein de la nourrice. Si nous pouvions comprendre qu'il fût possible de ne développer dans la première enfance que la nature animale, organique, de l'homme, comme le voulait Rousseau pour son *Émile*, en comprimant les sentiments ou le développement moral jusque dans l'âge de la raison, nous aurions la ferme conviction que cet élève de la nature deviendrait un homme incomplet, doué de toute espèce d'aberrations du sentiment. Mme Necker-Saussure, réfutant cette mauvaise éducation que Rousseau croit, à tort, basée sur les lois de la nature, dit : « Avec elle (la nature), on ne saisit de commencement nulle part; on ne la surprend point à créer, et toujours il semble qu'elle développe » (*Éducation progressive*, t. 1, p. 261). Il serait en effet bien digne d'intérêt de rechercher l'influence qu'exerce sur le développement psychique de la société, en général, cette perte (le mot n'est pas trop fort) des deux premières années de la vie que les enfants passent hors de la famille. Stow (in *Hyg.* de Tiltet Froriep, p. 88) dit expressément que l'éducation morale (c'est pour nous l'éducation du sentiment) doit commencer *dès l'âge le plus tendre*. Une expérience de dix-huit ans lui a appris que les bienfaits de l'éducation sont en raison inverse de l'âge. Si, par exemple,

Ils sont à	12 ans =	1		(Ne recevant pas dans son
Ils seront à	9 ans =	2		asile des enfants au-dessous
— à	7 ans =	4		de trois ans, il n'a pas de données
— à	5 ans =	8		précises sur cette première
— à	3 ans =	16		période de la vie.)

Quelle est la femme, quelle est la mère qui n'a pas été frappée de la différence qui existe entre le caractère de deux enfants, dont l'un a été élevé hors de la famille et dont l'autre a grandi par les soins de la tendresse maternelle. Celui-ci est gai, riant, joueur; habitué aux caresses, il en attend de chacun, ce qui le rend confiant et liant; son humeur, toujours égale, n'est troublée que par des besoins réels. Celui-là au contraire est impatient, mobile, peu

joueur ou se plaisant seul, fuyant, se cachant quand on l'appelle ;
il est indifférent à vos caresses, et s'en irrite même. Il a des emportements et de la colère ; il crie plus qu'il ne pleure. Il n'a de contentement que sur le sein de la nourrice ; mais toute autre peut la
remplacer sans qu'il s'en afflige. Chacun voit déjà dans cette âme,
jeune encore, poindre le calcul et les motifs intéressés, d'où naissent l'égoïsme, l'hypocrisie et la méchanceté ; c'est déjà un premier
degré d'aberration du sentiment.

L'observation suivante peut servir non-seulement pour confirmer
ce que nous venons d'avancer, mais elle retrace encore exactement
les suites horribles auxquelles expose l'absence complète de l'éducation et les modifications heureuses que celle-ci peut produire.

IVe OBSERVATION. — Aberrations du sentiment; alimentation insuffisante; rachitisme;
privation d'affection ; défaut complet d'éducation psychique ; à cela se joint, à cinq ans et
demi, un milieu corrupteur ; indifférence des parents ; domination de passions vicieuses ;
fréquentation de femmes de débauche à treize ans ; corruption ; haine ; menaces contre
les parents ; les facultés intellectuelles sont normales, quoique peu actives ; la volonté
n'est que de l'entêtement ; la constitution physique est lymphatique, bonne d'ailleurs.
Amélioration sensible depuis son admission.

La nommée Victorine P..., âgée de treize ans, née à Paris, a été placée à la
Salpêtrière, le 27 juillet 1854, avec le certificat suivant : «Arrêt de développement intellectuel et physique; nymphomanie à un haut degré. — LASÈGUE.»
Le père de cette enfant, ainsi que la mère, jouissent d'une bonne santé physique ; de trois enfants, il leur reste cette fille et un garçon de sept ans, ayant
un caractère doux, et étant raisonnable comme les enfants de son âge. Victorine
ressemble physiquement à son père. Elle est confiée, avec une sœur jumelle, à
une nourrice jusqu'à l'âge de quatre mois ; mais les parents, trouvant leurs enfants négligés par cette femme mercenaire, les retirent, et, ne pouvant cependant les faire élever à leurs frais, ils les placent aux Enfants-Trouvés. L'une des
deux sœurs meurt à l'âge de quatre ans, l'autre est retirée à cinq ans et demi.
Elle est alors petite comme un enfant de six mois, nous dit la mère ; elle a une
grosse tête et un ventre énorme, tandis que les membres sont grêles et courts.
Il lui est impossible de se tenir debout ; sa maigreur est excessive autant que sa
faiblesse. Elle ne parle presque pas ; ses premières paroles, adressées à sa mère,
sont: «Laisse-moi, tu n'es pas ma mère.» Les soins des parents, un bon régime

fortifiant, et des promenades au grand air, ne rétablissent qu'après quatorze mois cette santé si profondément détériorée. Elle marche bien, elle parle, elle grandit; son intelligence se développe. Elle est adroite, gaie; mais la tendresse des parents ne se traduit, pour cet être si débile, que par les soins matériels qu'ils prennent de son corps. Le boire et le manger est fourni à son appétit insatiable, tandis que les caresses, cet aliment de l'âme, lui manquent souvent même, au dire du père et de la mère; elle devient volontaire, têtue et capricieuse. A huit ans, elle se rend déjà très-utile dans le ménage et au commerce de son père; mais, se trouvant ainsi dans une boutique de marchand de vin, dans le plus hideux quartier de Paris, cette enfant active, intelligente et impressionnable, est obligée d'entendre les conversations des ivrognes, des femmes de débauche, et des individus, en général, mal famés qui fréquentent ces lieux.

A neuf ans, elle commence à fréquenter l'école avec assiduité pendant quelques mois, elle apprend rapidement à lire et à écrire; puis, ayant fait connaissance avec d'autres enfants plus âgées, elle manque souvent la classe. Elle se fait punir, elle ne veut pas se soumettre, toute discipline lui répugne, à elle qui peut tout oser, tout ordonner chez ses parents. On la renvoie de l'école; elle est placée dans d'autres, où elle ne peut être supportée davantage à cause de son entêtement et de ses habitudes vicieuses. Au lieu d'aller au catéchisme, à onze ans, elle court, avec d'autres petites filles et des garçons, dans les jardins publics, et quand les parents la grondent et se désolent, elle crie et se moque de leurs avertissements. Elle semble nourrir pour eux plutôt de la haine que de l'affection; elle leur reproche d'avoir plus d'affection pour son frère que pour elle.

Depuis quinze mois, le père, voulant la surveiller davantage, la garde chez lui; la mère la fait lire et écrire, on lui accorde des moments de récréation qu'elle va passer hors de la maison. En la grondant quand elle rentre trop tard, la mère ne peut exciter en elle que de la colère et des propos menaçants, jamais de larmes ni de repentir. Cette jeune fille sacrifierait tout pour avoir la liberté de sortir, quoique cependant elle éprouve un certain contentement à remplacer ses parents dans leur débit de vin, et elle s'en acquitte avec intelligence. Ne le faisait-elle pas pour avoir l'occasion de dérober journellement quelques sous à la caisse? Le père nous assure qu'elle lui vole de l'argent et qu'elle le dépense en friandises. Une cause de dépravation des plus graves vient se joindre à toutes les autres. Depuis plus d'un an, cette jeune fille voit journellement des filles publiques qui habitent la maison voisine; leur toilette la frappe d'abord, elle s'habitue à leur conversation. Ses parents, ne la surveillant pas assez, ne s'aperçoivent pas qu'elle se laisse caresser par ces femmes de débauche; plus tard, elle est attirée chez elles, et, malgré les plaintes du malheureux père, soit au commissaire de police, soit au préfet lui-même, il ne peut plus empêcher son enfant de se dérober à sa surveillance pour se sauver dans cette maison de prostituées. Qui sait ce qui lui arrive dans ces repaires ? Il est certain qu'elle devient de jour en jour plus méchante, donnant cours davantage à sa nature perverse ; sa mère est traitée de vieille bête, et, quand elle veut l'enfermer pour l'empêcher de sortir, elle reçoit non-seulement des injures, mais même des coups. Dernièrement, elle fait une simple observation à sa fille ; celle-ci entre dans une colère furieuse et court sur sa mère un couteau à la main. Elle ne se gêne pas de lui dire : «Quand mourras-tu donc? quand serai-je maîtresse? Cela ne durera pas longtemps.» Les punitions, les corrections des malheureux parents restent insuffisantes ; à peine le père vient-il de l'admonester, de la frapper même, qu'elle retourne auprès des personnes qu'on lui défend de fréquenter. Sa poitrine se développe, sa voix devient forte et rauque, les traits de son visage se caractérisent davantage. Toutes les ressources morales et physiques étant épuisées, on la place enfin à la Salpêtrière.

Cette jeune fille est d'une taille moyenne (1 mètre 270 millimètres). Relativement à son âge, elle est fortement musclée, les chairs sont fermes, les téguments d'un rose vif ; les membres sont gros, épais, courts, surtout les bras ; les traits de la figure sont bien dessinés, la poitrine est bombée, les mamelles sont assez volumineuses ; toute son habitude extérieure ferait croire qu'elle a au moins seize ans. Le crâne est assez petit relativement à la face, qui est allongée, un peu aplatie ; le nez est gros et épais ; les yeux, bruns, sont encadrés d'un cercle rouge dû à une blépharite ciliaire chronique ; le front est assez bas, asymétrique ; la bosse frontale droite est plus prononcée, plus proéminente ; la gauche l'est moins qu'à l'état normal. Les bosses temporales sont saillantes, de manière qu'entre le front et ces bosses, existe une dépression considérable qui rétrécit la largeur du front ; celles de la région temporale sont bien prononcées ; la bosse occipitale l'est beaucoup ; les cheveux sont blonds, et le teint est frais.

Les dimensions plus précises de la tête sont :

Circonférence fronto-occipitale........	0,515
Diamètre naso-occipital...............	0,160
— mento-vertex.................	0,210
— bimastoïdien................	0,125
— bi-auriculaire...............	0,116
— bi-orbitaire.................	0,093
Côté naso-auriculaire.................	0,093
— auriculo-maxillaire.............	0,098
— naso-maxillaire................	0,051

Les organes des sens et les appareils de la vie végétative fonctionnent régulièrement ; sa voix est rauque, forte, désagréable. Les règles n'ont pas paru ; les organes génitaux sont développés relativement aux autres parties du corps. Les petites lèvres et le prépuce sont saillants, rouges, ridés.; la membrane hymen est détruite ; une membrane frangée la remplace.

Cette jeune fille pleure facilement, elle est sensible aux reproches, et tombe dans un entêtement que rien ne peut vaincre ; quand elle est dans ces moments de mauvaise humeur, elle ne vous regarde jamais en vous parlant. Elle se lie facilement avec ses compagnes, est craintive, obéissante, mais aussi dissimulée, rusée, menteuse, et aimant surtout à faire des contes conformément à ses penchants lubriques ; fait des rapports faux sur sa mère, exprime hautement son manque d'affection pour elle. Son intelligence est normale, quoique peu active ; elle sait lire, à peine écrire, paraît avoir peu de mémoire, et écoute les leçons avec soumission et docilité. On ne remarque pas d'habitude d'onanisme. Elle vole parfois ; cependant le tact de l'institutrice a déjà éteint en partie ce penchant et gagné la confiance de l'enfant, qui avoue que les vilaines femmes qu'elle a fréquentées dans Paris lui ont appris à mentir et à dire du mal de sa mère. Elle témoigne de l'affection à sa mère, et obéit avec plus de soumission depuis deux mois.

Il ne suffit pas que l'éducation de la première enfance se fasse par la mère, il faut, de plus, que le sentiment maternel ne dégénère pas en faiblesse et en complaisances coupables ; il faut aussi que la fermeté et la raison du père interviennent de bonne heure. Chacun sait combien les enfants saisissent vite les faiblesses de leurs parents et avec quelle ténacité impitoyable ils savent les torturer.

.... Cet âge est sans pitié.

L'histoire suivante, que nous avons recueillie hors de l'hôpital, trouvera ici sa place.

Vᵉ OBSERVATION.—Un jeune homme de douze ans, bien constitué, quoiqu'un peu petit pour son âge, nous a été présenté comme un sujet indisciplinable ; il conserve ordinairement un air sombre, les traits de sa figure sont contractés, son crâne est sensiblement affaissé ; son front, très-bas, est recouvert par les cheveux jusqu'au niveau des bosses frontales ; la région temporale est à peu près lisse ; la face est large. Le père de ce jeune homme est un officier supérieur de l'armée, habitué par conséquent à la sévérité de la discipline militaire. Rarement il demeure avec sa femme et ses enfants qui le connaissent à peine ; le jeune homme a été élevé par sa mère qui l'a toujours laissé faire ce qu'il voulait ; il est devenu volontaire, capricieux, méchant et intraitable chez lui. Placé en pension, il voit son père encore plus rarement, il en obtient ce qu'il veut, mais parfois ce n'est qu'à l'aide d'accès de colère et de fureur. En ce moment, il est arrivé au point de ne plus souffrir une observation de son père ; le plus léger motif suffit pour exciter sa mauvaise humeur. Dernièrement, le père veut lui faire couper les cheveux, cela ne convient pas à notre jeune homme ; il est cependant forcé d'entrer chez le coiffeur, mais là il fait une plus grande résistance, casse une glace et se sauve. Plus récemment encore, le père, préoccupé de sa santé physique, l'engage à mettre tel vêtement qu'il désigne, le fils refuse obstinément, s'impatiente des réflexions du père, entre en colère, crie, profère des menaces, prétend être maître. Nous intervenons, il se calme ; il nous écoute, nous obéit, soutient qu'il aime sa mère et qu'il ne déteste pas son père, mais qu'il ne veut pas lui céder ; il fait d'ailleurs d'assez bonnes études classiques, ses facultés intellectuelles ne sont pas autrement altérées. Quel avenir pour de tels parents et pour de tels enfants !

Ces sortes d'aberrations du sentiment, qui ont leur origine dans la faiblesse et dans l'excès de tendresse des parents, sont assez fréquentes dans le monde, surtout parmi les petites filles. Nous nous rappellerons toujours une jeune fille de treize ans, enfant unique d'une sous-surveillante de la Salpêtrière, qui était pleine de douceur et de bonté, mais qui avait aussi une coupable tendresse pour sa fille. Celle-ci n'a jamais quitté sa mère ; elle est douée d'une excellente intelligence, assez charmante et obéissante hors de chez elle, mais volontaire, capricieuse, méchante, auprès de ses parents. Elle est d'ailleurs hypocrite, menteuse, coquette, gourmande et libertine ; elle n'a ni amour ni déférence pour ses parents. Depuis un an, elle voit la lente agonie de sa mère sans lui témoigner quelque affection, sans même paraître s'apercevoir qu'elle va la perdre. Ne semble-t-il pas que la Providence retourne contre les parents, coupables de trop de faiblesse, son juste quoique cruel châtiment !

De tout ce qui précède, découle naturellement que les aberrations du sentiment sont la conséquence d'un vice dans l'éducation de la première enfance, quelles que soient d'ailleurs les causes qui y prédisposent.

CHAPITRE V. — SYMPTOMATOLOGIE, CARACTÈRES ET SUITES DES ABERRATIONS DU SENTIMENT.

> Je dis que les premiers sentiments des enfants sont céux du plaisir et de la douleur, et que, chez eux, la vertu et le vice ne sont d'abord que cela.
>
> (PLATON, trad. de Cousin; *les Lois*, VII, 72.)

§ 1. — CARACTÈRES PSYCHIQUES.

Nous commencerons l'énumération des caractères distinctifs des aberrations du sentiment par l'examen des éléments affectifs et intellectuels de l'âme, puis nous rechercherons s'il y a des signes physiques, et quels ils sont. Il faut remonter jusqu'aux instincts, ces premiers mobiles de la nature, pour rechercher le germe des désordres psychiques. Les instincts sont comme la raison aveugle de la nature; ils président aux opérations de l'âme des bêtes d'une manière invariable et inaltérable. L'oiseau, que l'instinct de la conservation de son espèce pousse à bâtir le premier nid, ne s'y prend pas autrement que ses parents s'y sont pris. La répétition de certains actes instinctifs peut cependant, lorsque la mémoire intervient, les transformer en habitudes, bonnes toujours pour l'animal, puisqu'elles ont toujours pour base un besoin matériel; l'éducation peut à peine les modifier chez quelques-uns, qu'on appelle, à cause de cela, animaux domestiques. Chez l'homme, les instincts tendent à s'effacer à mesure qu'il s'éloigne de l'époque de la naissance; ils sont remplacés non par des sensations mais par le sentiment. Il est donc bien évident que les instincts supérieurs à l'individu et indépendants, de sa personalité, ne se trompent jamais, ne dégénèrent jamais, mais qu'ils se transforment en habitudes, en penchants, en sensations, en passions, en sentiment, lesquels peuvent changer et s'altérer. Les expressions d'instincts pervers, de perversions instinctives, sont donc pour nous des non-sens.

Une pente naturelle conduit l'homme à rechercher le plaisir et à fuir la douleur; répéter l'acte un certain nombre de fois c'est contracter une habitude; la satisfaire conduit à l'égoïsme, et le souvenir de cette satisfaction éveille les tendances et les penchants. Ce sont ces éléments du sentiment qu'il faut reconnaître et combattre dès qu'ils se montrent, si l'on veut éviter les aberrations du sentiment. On pourrait peut-être arriver, avec un nombre de faits plus considérable, à subdiviser les aberrations suivant la prédominance du sentiment égaré; il y aurait ainsi, en se basant sur les distinctions que nous avons établies plus haut, des aberrations du sentiment du bien, du sentiment du beau et du sentiment du vrai.

Chez les individus dont nous avons recueilli l'histoire, nous avons toujours noté une tendance marquée pour l'injustice et pour le mal en lui-même; mais, en exceptant l'amour de soi et l'amour de dominer, tous les autres sentiments leur manquent.

Et s'il est encore besoin d'opposer des preuves au désolant système d'éducation que Platon proposait dans sa *République*, nous citerons nos propres faits d'observation, qui établissent clairement que l'extinction du sentiment de la famille, suite d'une éducation vicieuse, corrompt non-seulement tous les autres amours, mais encore le sentiment du juste et du vrai. C'est pour nous une grande vérité que « rien dans l'éducation ne remplace le père et la mère, rien dans la patrie ne tient lieu du foyer domestique. L'éducation publique a de grands avantages; il faut l'ajouter à l'éducation paternelle, il ne faut pas remplacer l'une par l'autre. » (Simon, *le Devoir*, p. 161.) Mais la solution de ce problème présente plus d'une difficulté.

De tous les sentiments de l'amour, le désir d'estime, l'amour des louanges, qui porte à la coquetterie, à toutes les extravagances, est bien prononcé chez la petite fille de dix-sept ans qui fait le sujet de l'observation 2. Ce sentiment, qui fait la base de l'émulation, devient chez un grand nombre d'enfants un mobile puissant, mais difficile et dangereux à manier; il peut, comme dans l'observation suivante, dominer tous les autres sentiments et par cela même les égarer, d'où des aberrations.

VIe OBSERVATION. — Aberrations du sentiment; mauvaise éducation; vanité; insubordination; passions viles; défaut d'affection; mémoire bonne; peu de jugement; vivacités; colères. Placé à Bicêtre, il s'amende un peu. (*Note communiquée par M. Delasiauve.*)

Auguste B..., âgé de seize ans, est le fils d'un des acteurs comiques les plus renommés de Paris; sa taille est en rapport avec son âge, et son état physique n'offre rien de particulier. Ses mouvements sont prompts, ses gestes décidés, sa physionomie et ses poses ont quelque chose de dramatique; cette activité physique se traduit par une pétulance extrême des facultés intellectuelles. Ce jeune homme déclame des vers avec assez de facilité, sa mémoire est bonne, mais il manque de goût, d'à-propos et de suite même dans ses réminiscences indigestes. Toutefois elles excitent la gaieté et lui valent, jeune encore, une espèce de célébrité dont les parents ne voient pas encore le danger. Jusqu'à l'âge de treize ans, il fréquente les écoles mutuelles, les pensions, mais sa turbulence, sa paresse, son caractère indiscipliné, ne peuvent être supportés nulle part; toute application d'ailleurs est très-pénible, aussi son instruction se réduit-elle à la lecture, à l'écriture et à la récitation de quelques pièces de vers. Il accueille fort mal les conseils de son père, et il ne fait que ce qui lui plaît, mentant pour le plus léger motif; il est égoïste, n'aime la société que pour les louanges qu'on donne à ses espiégleries et à ses bizarres déclamations; il s'emporte facilement; dans ses accès de colère, il se roule par terre et menace ses parents de se tuer. De treize à quinze ans, le père le place dans l'établissement de Saint-Nicolas; il ne s'y plaît pas, se plaint d'être tourmenté par ses camarades, de ne pas être protégé par ses maîtres; il n'y trouve plus les adulations de sa famille; il s'évade plusieurs fois, et on a les plus grandes peines pour l'y ramener, c'est alors surtout qu'il s'emporte contre ses parents et qu'il les menace de se tuer. Une fois sorti de cet établissement, il donne cours à ses *instincts dépravés;* des plaintes faites contre son immoralité lui inspirent l'idée de partir pour la Russie, il n'y reste que peu de temps, et, à son retour, les malheureux parents sont obligés de le placer à Petit-

6

Bourg. Après un séjour de deux mois, ils lui donnent la liberté, mais les penchants vicieux ont grandi avec l'âge. Les conseils de son père, ses paroles de douceur, ses menaces, rien ne peut toucher ce jeune homme. C'est alors (5 novembre 1852) qu'on le place à Bicêtre. Son caractère est doux, sociable ; il est gai tant qu'on ne contrarie pas ses goûts ; il est vaniteux, emporté, gourmand, et menteur ; il danse bien et déclame avec des gestes dramatiques et bouffons; toute autre occupation lui répugne; ce n'est qu'après plusieurs mois d'ennui qu'il s'applique un peu en classe et qu'il se soumet à la discipline ordinaire ; ses progrès sont lents et en rapport avec l'inégal développement de ses facultés intellectuelles ; c'est la réflexion surtout qui fait défaut ainsi que la coordination des idées; tout est soudain, précipité chez ce jeune homme, les mouvements du corps comme ceux de l'âme. Il n'a jamais eu d'attaques convulsives. A l'aide de soins intelligents et persévérants, il y aurait sans doute à espérer une certaine perfectibilité. Les parents le rappellent le 27 octobre 1853.

Quoique cette observation laisse beaucoup à désirer sous le rapport des détails et renseignements tant positifs que négatifs, elle n'est cependant pas moins précieuse par l'enchaînement qu'elle montre entre le désordre du sentiment de l'émulation et les troubles de l'intelligence. Des faits de ce genre serviraient à édifier certains parents, qui tendent à former des petits prodiges de leurs enfants.

Nous ne devons pas passer sous silence un autre et bien puissant sentiment de l'amour ; lord Kamer l'appelle penchant naturel, primitif, de l'homme : c'est l'amour de posséder, l'amour de la propriété, dont l'abberration constitue le vol. Il ne faut pas confondre cet amour de posséder avec celui qui est propre à l'avare, ni avec ce penchant qui pousse certaines personnes, saines d'esprit (nous ne le pensons pas), mais intègres d'ailleurs, à prendre, à dérober, comme ce bon roi de France dont Talleyrand a dit : « Il était larron naturellement et ne pouvait s'empêcher de prendre ce qu'il trouvait, mais il le renvoyait. Il disait lui-même que *s'il n'eût été roy, il eût été pendu.* » Mais au 19ᵉ siècle, on aurait ajouté, en se basant sur les données de la science : s'il n'eût été assassiné, il serait devenu fou

Le vol, considéré comme aberration du sentiment, est un vice de l'éducation ; il accompagne les autres aberrations, comme nous l'avons constaté chez toutes nos petites filles ; il est moins impérieux que ce besoin d'amasser qu'on rencontre dans la période prodromique ou dans la période d'état de certaines maladies psychiques. Gall et les phrénologistes placent la bosse du vol et de la dissimulation dans la région temporale. Voulant vérifier cliniquement et anatomiquement, dans l'espèce humaine et chez les animaux, les rapports qui existent entre les saillies temporales et le penchant au vol, Bergmann (in *Psych.*, t. 11) a trouvé que le penchant au vol peut exister sans qu'il y ait de saillies marquées ; que celles-ci se présentent, dans certains cas, sans qu'il y ait eu penchant au vol ; que les saillies peuvent exister seulement sur la face externe, la portion correspondante du cerveau étant normale ; qu'enfin il peut y avoir des dépressions sur les lobes temporaux, sans que la boîte crânienne accuse aucune espèce d'inégalité. Cet observateur convient cependant, et nous convenons avec lui, qu'on trouve quelquefois sur des crânes, dans la région temporale, une saillie considérable coïncidant avec un penchant prononcé au vol.

Nous avons examiné, relativement à cette question, 63 têtes de jeunes filles atteintes soit d'épilepsie, soit d'idiotie, soit d'imbécillité, soit enfin d'aberrations du sentiment ; sur ce nombre, 24 sont voleuses, et 39 ne volent pas ; cependant 9, parmi ces dernières, portent des bosses temporales très-saillantes, et 12 en ont également, mais de moins prononcées. Parmi les 24 voleuses, 7 ont ce penchant développé au plus au degré ; cependant 3 seulement ont des bosses temporales très-saillantes, et 2 d'entre elles sont aussi très-voleuses ; 4 ont des bosses un peu plus développées qu'à l'état normal. Ainsi l'existence des saillies temporales est :: 1 : 6 chez les voleuses, tandis qu'elle est :: 1 : 4 chez les enfants qui ne volent pas.

La dissimulation et l'hypocrisie doivent être rangées parmi les symptômes les plus constants des aberrations du sentiment. Il en est de même du mensonge et de la ruse. La lecture de nos observations ne laissera pas de doute à ce sujet.

Il reste encore à signaler l'influence que tous ces désordres du sentiment exercent sur la raison. L'intelligence se développe-t-elle régulièrement? participe-t-elle à ces aberrations, primitivement ou consécutivement?

Quelque restreints que soient nos propres faits, et quelqu'incomplets que soient ceux que nous empruntons aux autres observateurs, nous avons cependant acquis la conviction que le sentiment est primitivement et seul troublé. Comment cela pourrait-il être autrement, puisque l'âme ne se connaît primitivement que comme sentiment? D'ailleurs les observations qui nous sont personnelles se rapportent à des individus qui ont présenté, dès leur enfance, les aberrations les plus variées du sentiment, tandis que les facultés intellectuelles ont atteint un certain degré de perfection. Le jeune homme qui fait le sujet de l'observation 5 a même acquis l'instruction proportionnée à son âge. Chez l'enfant dont l'histoire suit, les facultés de l'intelligence ont été peu cultivées, mais elles existent virtuellement, et se sont développées pendant son séjour à l'hôpital.

VIIe OBSERVATION. — Aberrations du sentiment; manque de soins physiques et psychiques pendant la première enfance; habitudes vicieuses; affections nulles; intelligence normale; à neuf ans elle subit les mauvais traitements d'une belle-mère et d'un père faible; elle devient craintive, hypocrite, sombre; fait des aveux d'une immoralité désolante, mais dont elle n'est pas coupable; intégrité des facultés intellectuelles; preuves de l'intimidation et de la corruption des parents sur leur enfant. Amélioration.

Le 23 avril 1853, a été placée à la Salpêtrière la nommée Euphémie S..., âgée de dix ans, née à Paris, y demeurant avec ses parents depuis un an seulement. D'après les renseignements fournis par le père, nous voyons que notre malade ressemble physiquement à sa mère, morte phthisique, mais ayant joui d'une intelligence saine, et ayant laissé deux enfants, dont l'aînée, âgée actuellement de douze ans, est élevée par les parents maternels, qui paraissent en être bien contents; la plus jeune est notre malade, élevée à la campagne par les grands parents paternels jusqu'à l'âge de neuf ans. Elle ne leur a jamais témoigné d'affection; elle fréquentait l'école à sept ans, plus pour s'amuser avec les petites filles et les petits garçons que pour travailler, d'après le dire des grands parents. Elle n'a appris qu'à lire; c'est à peine si elle sait former quelques lettres. Elle fuit souvent l'école, devient volontaire, coureuse, menteuse; les vieux parents ne pouvant plus la surveiller la rendent à son père, marié en secondes noces. La belle-mère a elle-même deux enfants, pour lesquels seuls est l'affection des parents, ainsi que les bons soins. Euphémie remplit les fonctions de domestique, fait les commissions, cherche les vivres, et, quand les soins du ménage sont terminés, elle est enfermée dans une chambre, où elle enfile des perles pour seconder la belle-mère, qui fait des couronnes mortuaires.

Les voisins et le portier de la maison nous fournissent ces renseignements, ajoutant que, maintes fois, ils ont été scandalisés des mauvais traitements que le père fait subir à cette petite fille; ils l'entendent crier, ils voient et entendent le père la frapper. Ils assurent qu'elle ne mange le plus ordinairement que du pain sec, tandis que les enfants de la belle-mère ont une bonne nourriture et même des douceurs. Cette différence n'existerait, d'après les parents, que pour infliger une punition à la jeune fille, qui se livre à l'onanisme sans retenue, qui a des colères, des rages, dans lesquelles elle casse, brise et déchire ses vêtements, qui crache dans leurs aliments, fait du mal pour le plaisir de mal faire, que rien n'épouvante et qui n'a d'affection pour personne. L'hiver, elle est à peine vêtue; elle souffre non-seulement de la faim et du froid, mais aussi des coups qu'elle reçoit très-fréquemment. Les voisins, attendris sur le sort misérable de cette enfant, interviennent souvent auprès de la belle-mère, qui la dépeint sous les couleurs les plus abjectes, comme étant capable des actions les plus immorales sur elle-même et sur les autres, et les accomplissant dès qu'on l'abandonne à elle-même.

Le commissaire de police, informé par le père des penchants coupables et incorrigibles de cette fille, l'interroge avec soin, et apprend d'elle-même qu'elle est coupable de tout ce dont on l'accuse, qu'on la bat parce qu'elle a de mauvaises habitudes, qu'elle casse, qu'elle crache dans le lait destiné à ses parents, etc. Il en dresse procès-verbal, et la jeune fille est placée à la Salpêtrière.

État présent. Cette enfant, d'une taille proportionnée à son âge, 1 mètre 215 centimètres, est assez maigre; ses chairs sont flasques, ses téguments pâles, ses cheveux châtains; la rougeur du bord libre des paupières et l'état des muqueuses palpébrales indiquent l'existence d'une blépharite passée à l'état chronique. La tête est volumineuse; les bosses pariétales sont très-développées, de même que les proéminences des régions temporales; les bosses occipitales sont à peine saillantes; le front est bas, saillant en haut, les bosses sont faiblement dessinées; la face est large, mais d'une hauteur proportionnée au crâne.

La mensuration nous donne les dimensions suivantes

Circonférence fronto-occipitale........	0,520
Diamètre naso-occipital..............	0,165
— mento-vertex..............	0,211
— biauriculaire..............	0,118
— bi-mastoïdien..............	0,113
— bi-orbitaire..............	0,100
Côté naso-auriculaire.	0,095
— auriculo-maxillaire.............	0,097
— naso-maxillaire...............	0,047

Quand cette enfant a quitté son père, elle n'a témoigné aucun regret, elle n'a pas versé une seule larme; elle paraît inaccessible à la tendresse, aux doux sentiments.

En lui adressant la parole, elle baisse les yeux, reste muette ou fait attendre une réponse monosyllabique; son maintien a quelque chose de contraint. Elle est obéissante, passive, convient de tout ce qu'on lui impute avec une apathie et une indifférence désolantes, avoue qu'elle se livre à l'onanisme, que son père la frappait pour la corriger, avoue même qu'elle continue ici la pratique de ses mauvaises habitudes; mais, en la pressant, en lui parlant vertement, elle devient muette, immobile et plus passive encore, se laissant pousser, secouer, sans laisser paraître une émotion ou un sentiment; elle demeure comme anéantie. Les reproches, les menaces et les cris, ne peuvent l'émouvoir; il semble qu'elle se laisserait plutôt martyriser que de répondre, ne faisant aucun geste d'impatience ni de colère, ne paraissant ni excitée, ni irritée, ni triste, ne changeant pas de coloration et ne versant aucune larme. Elle supporte les piqûres d'épingle sans proférer une parole, sans chercher à les éviter, quoique les traits du visage indiquent qu'elle les sent.

Si on la laisse se mêler au groupe d'enfants, en l'observant sans qu'elle s'en aperçoive, on voit son visage se dérider; elle ouvre les yeux à la dérobée, les promène d'abord furtivement et lentement autour d'elle, et suit avec attention les jeux de ses compagnes. Elle est comme entraînée vers celles-ci; elle dresse la tête, sa figure s'épanouit, un rayon de contentement vient dissiper son air sombre et craintif. Alors elle joue avec autant de plaisir que ses camarades; elle comprend qu'elle peut les conduire. Elle leur parle avec un ton d'autorité; elle est leste, agile et aussi gaie qu'elle était tout à l'heure lente, lourde et triste. Elle ne frappe pas ses camarades; elle est douce, obéit à la voix de l'institutrice sans affection comme sans intérêt. Elle a conscience du bien et du mal; le sentiment du juste et de l'injuste ne lui est pas étranger. Elle ne vole pas, elle ne nuit à personne. Les facultés de l'intelligence sont normales ; les organes des sens fonctionnent régulièrement, de même que les appareils de la vie végétative.

Cette petite fille est observée par l'institutrice principalement ; ses faits et gestes sont épiés, et les désordres sont sévèrement réprimés.

Après un mois de séjour à la Salpêtrière, cette enfant devient plus confiante, surtout avec les personnes qui ont des relations plus fréquentes avec elle ; ses réponses ne se font pas attendre quand on ne l'interroge pas sur sa vie antérieure passée dans sa famille. En lui demandant des explications sur cette période, elle se contente de répondre : «Je ne sais pas.» Nous ne pouvons constater les défauts dont les parents se sont tant plaints. Cette enfant ne montre jamais d'accès de colère dans lequel elle déchire, casse, brise ; elle est parfois volontaire, entêtée toujours, mais n'a jamais de ces rages qui, au dire du père, la rendaient dangereuse. Elle ne témoigne point d'affection, est craintive, rêveuse et peu joueuse ; elle se place bientôt au-dessus de ses compagnes, leur commande avec une certaine vivacité qui ne manque pas d'intelligence. Elle fait lire quelques-unes de ses camarades ; elle-même commence à mieux écrire.

En juillet, deux mois après son entrée, cette petite fille n'assume plus sur elle tous les dérèglements dont on l'accuse ; quand on lui demande si elle est sage, si elle a renoncé à ses mauvaises habitudes, elle se tait, elle n'avoue plus les choses qu'on lui reprochait naguère, elle prend un air sombre, une contenance embarrassée qui n'est pas précisément l'expression de la honte ou de la culpabilité, car, au même instant, un événement quelconque, le plus léger bruit réveille son attention, et elle sort aussitôt de son air mélancolique ; mais lui parle-t-on de n'importe quel autre sujet, elle répond avec volubilité et à propos. Elle se trouve bien avec nous, et, si on la renvoyait, elle aimerait mieux retourner chez ses grands parents, à la campagne, que chez son père, à Paris ; elle avoue même à l'institutrice, dans un moment d'abandon, que si elle convenait de tout ce dont on l'accusait lors de son admission, c'était parce que son père le lui avait expressément recommandé, et la battait pour la forcer à faire ces aveux honteux.

Elle se rend utile au ménage et en classe ; l'institutrice en est assez contente ; elle n'a pas d'affection pour ses supérieures, tandis qu'elle est bonne pour ses camarades. Il est rarement besoin de sévir contre elle ; son teint s'améliore, ses forces augmentent, on la maintient dans ces bonnes dispositions.

En octobre 1854, l'enfant est plus gaie, joue sans cependant se faire des amies, elle ne s'isole plus ; demande à perfectionner son écriture, afin de pouvoir correspondre avec son grand-père, qui l'a élevée ; son caractère craintif, plein d'appréhension de mauvais traitements, assombrit souvent son visage et préside encore à un grand nombre de ses actes. Elle apprend bien, est docile, ne fait plus de rapports contre ses camarades.

Nous espérons, pour l'honneur de l'humanité, que les faits de ce genre sont rares! Est-il possible de trouver des sentiments de l'amour dans un cœur qui n'a jamais connu d'affection? L'indifférence des grands parents n'était guère capable d'inspirer des sentiments affectueux. Les passions, les penchants vicieux, ont égaré le sentiment, mais n'ont pas atteint les facultés intellectuelles. La coupable direction que les parents ont donnée à ces aberrations du sentiment n'a même pas altéré l'intelligence de cette trop malheureuse enfant.

Il n'en est cependant pas toujours ainsi, et il est facile de comprendre que des tendances uniformes, invariables, ralentissent l'activité physique et retardent, arrêtent le développement des facultés qui en découlent. L'âme étant toujours affectée de la même manière, il s'ensuit qu'un ordre de facultés se trouve continuellement en exercice, tandis que les autres s'affaiblissent et s'éteignent même. L'observation 6 confirme ce qui précède en partie, et, dans d'autres, nous avons noté certains défauts d'aptitude spirituelle suivant la multiplicité des aberrations et leur durée. Ainsi les désordres dans les facultés de l'intelligence ne sont pas nécessairement liés à ceux du sentiment; mais comme l'âme est une unité complexe, les anomalies dans l'une de ses parties tendent à altérer l'harmonie dans les autres, et par conséquent l'harmonie générale.

Avant de parler des caractères physiques, qu'on peut être tenté de rapporter aux aberrations du sentiment, nous aurions encore à rappeler le rôle qu'y joue la volonté, s'il n'était évident, d'après ce qui précède, conformément à la saine psychologie, que le libre arbitre est l'expression la plus sublime de l'harmonie entre les facultés de l'âme, et que là où cet équilibre est rompu, comme chez les individus dont il est ici question, la volonté est impuissante. Il est inutile egalement, dans l'état actuel de la science psychiatrique, de réfuter l'opinion de Marc, au sujet d'un fait semblable à celui de l'observation précédente, qu'il considère comme une lésion de la volonté (*De la Folie*, t. 1, p. 97).

Il nous paraît digne de remarquer, au milieu de ces nombreuses aberrations du sentiment, l'intégrité de la sensibilité générale ainsi que celle des sens. Ceci est du reste d'accord avec ce que nous avons dit de l'intelligence.

§ 2. Caractères physiques.

Suivant Rosenkranz (*Æsthetik des Hæsslichen*, Esthétique de l'horrible), chaque vice, chaque dégradation morale imprime à l'individu une physionomie particulière. Bergmann a observé chez les voleurs très-souvent un strabisme; nous-même avons rencontré trois strabiques sur six individus atteints d'aberration du sentiment. Nous avons constaté deux fois une asymétrie entre le côté droit et le côté gauche du crâne; en général, ces individus ont la calotte du crâne affaissée; ils ont un front bas et une face large; nous avons rencontré une seule fois le sommet de la tête fortement bombé.

En prenant les mensurations de la tête nous avons pris également la valeur des trois côtés d'un triangle facial, formé par les lignes fictives naso-maxillaire, auriculo-maxillaire et naso-auriculaire; à l'aide de ces données, nous avons cherché la valeur de l'angle facial. Le résultat que nous avons obtenu nous fait penser que l'angle facial n'est pas en rapport avec l'intelligence, mais seulement avec la beauté et la régularité des traits de la figure. Ainsi :

89° 14′ 30″ = Angle f. de l'obs. III, figure belle, intellig. faible.

82° 11′ 42″ = A. f. de l'obs. IX, fig. régulière, belle intellig.

77° 37′ 35″ = A. f. de l'obs. Iʳᵉ, fig. ronde, intellig. faible.

73° 18′ 41″ = A. f. de l'obs. VII, fig. plate, intellig. norm.

72° 14′ 56″ = A. f. de l'obs. II, fig. plate, intellig. faible.

69° 9′ 40″ = A. f. de l'obs. IV, fig. plate, pointue, intellig. normale.

Marche. La marche ou les suites des aberrations du sentiment ont une importance bien grande suivant l'âge et la durée. Il est facile de comprendre que la cause résidant dans un vice de l'éducation, et celle-ci étant d'autant plus profitable que l'individu est moins âgé, l'âme sentira normalement, d'autant plus tôt que les opérations psychiques sont plus simples. Changer les habitudes, les penchants des premières années de la vie est chose assez aisée, tant que la raison n'est pas atteinte dans quelques-uns de ses éléments. Mais il est difficile d'établir la ligne de démarcation entre les aberrations du sentiment et celles de l'intelligence, dans bien des cas, parce que les jouissances et les souffrances dominent toutes les opérations de l'âme. De l'égoïsme, chez l'enfant, peut naître l'amour-propre, l'ambition : de là des idées de fortune, de grandeur, et l'intelligence peut passer d'erreurs en erreurs, qui, se substituant enfin à l'empire de la volonté, caractérisent la folie. Les aliénistes observateurs, Pinel, Esquirol, Prichard, Nasse, Jacobi et Zeller, signalent au nombre des causes prédisposant aux maladies psychiques les désordres du sentiment que nous avons appelés aberrations; et M. Falret dit expressément, dans ses leçons professées à la Salpêtrière : « L'aliénation mentale a bien plus souvent son origine dans les sentiments que dans les idées, dans la partie affective que dans la partie intellectuelle de notre nature » (*Leçons cliniques,* 1ʳᵉ partie, p. 210). Le fait suivant, tiré du service de M. Delasiauve, confirme l'opinion que nous venons de citer, en montrant les conséquences terribles que peuvent avoir les aberrations du sentiment.

VIIIᵉ OBSERVATION. — Aberrations du sentiment; mauvaise éducation par la faiblesse des parents; penchants mauvais; passions viles; développement normal des facultés intellectuelles; paresse; habitudes vicieuses; accès de colère; placé deux fois à Bicêtre; peu d'amélioration; affaiblissement des facultés de l'intelligence. Semi-imbécillité. (*Notes communiquées par M. Delasiauve.*)

Le nommé Louis S..., âgé de seize ans, habitant Paris avec sa mère, faible par excès de tendresse, jouit d'une bonne santé physique; ses facultés intellectuelles se sont régulièrement développées quoique Louis ait toujours été d'une grande paresse, fuyant l'école, apprenant à peine à lire et à écrire, courant les rues avec des garçons de son âge, s'habituant de bonne heure au mensonge, à la ruse; acquérant de l'adresse dans les jeux, désobéissant à sa mère, se moquant de ses avis comme de ses menaces, ne lui témoignant jamais d'affection, la volant toutes les fois qu'il y a possibilité, lui boudant, la menaçant de ses emportements quand elle ne lui accorde pas ce qu'il désire; son égoïsme ne lui laisse pas reconnaître les sacrifices et le dévouement de la pauvre mère qui le place à plusieurs reprises en apprentissage; mais ici il corrompt d'autres petits garçons, là il se livre à des extravagances, à des indécences, partout il se fait détester et chasser. La mère le place une première fois à Bicêtre en 1851; on s'aperçoit de ses habitudes d'onanisme, on cherche à les réprimer, de même que des vols; il devient plus soumis, il profite un peu de l'enseignement; ses facultés intellectuelles paraissent bien éveillées, il promet obéissance à sa mère et on lui accorde la liberté, après quatre mois. Mais à peine il est rentré chez elle que ses habitudes vicieuses reprennent leurs cours; la ruse, les menaces, tous les moyens lui sont bons pour obtenir de l'argent de sa mère; il le dépense en friandises; sa paresse est excessive, la lui reprocher, c'est le pousser dans des accès de colère qu'il accompagne de jurons et de propos orduriers; il se livre toujours à ses funestes habitudes d'onanisme; on remarque que ses facultés intellectuelles baissent; la mère parvient à le faire admettre une deuxième fois à Bicêtre, le 22 juillet 1852. La discipline de la maison, les habitudes d'ordre calment ses emportements; il vole ses camarades, il leur enseigne la corruption, le mensonge et l'hypocrisie, il bat les plus faibles quand ils résistent à sa dépravation ou bien quand ils refusent de faire son ouvrage; il n'a d'ailleurs aucun ami, il ne se montre pas plus reconnaissant envers les étrangers qu'envers ses parents. Après quelques mois de séjour à Bicêtre, il se plie un peu à la discipline, il travaille parfois, mais rien ne peut le détourner de ses mauvaises habitudes, rien ne peut éveiller en lui des sentiments affectueux; les facultés intellectuelles deviennent de plus en plus obtuses, il n'a d'ailleurs jamais eu d'accès convulsifs; il tombe enfin dans un état de semi-imbécillité; on le place dans une division d'aliénés adultes, le 30 décembre 1853.

En indiquant les suites graves, désolantes, et quelquefois inévitables des aberrations du sentiment, nous avons indiqué aussi en grande partie combien le médecin, consulté dans ces cas, doit mettre de réserve dans son pronostic, et avec quelle sévérité il doit insister sur les soins à donner aux enfants dont l'avenir est compromis par l'inhabileté, la faiblesse ou l'indifférence de ceux-là même dont ils avaient le droit de n'attendre que des bienfaits. Le médecin n'a plus seulement une mission professionnelle à remplir (on ne meurt pas par suite de mensonge, de vols, de défaut d'affection, etc. etc.), il doit en même temps être philanthrope et philosophe humanitaire.

Nous ne pouvons omettre de citer le fait suivant, extrait du mémoire de Bergmann (in *Psych.*, t. 11), pour prouver combien le pronostic peut être grave : « La fille d'un pasteur protestant, homme spirituel, aimable, mais dissipateur, léger, joueur et ivrogne, possédait les traits physiques et les qualités psychiques (intellectuelles et morales) de son père ; celles-ci étaient même plus exagérées chez la fille. L'éducation de son enfance est négligée. A quatorze ans, elle était coquette, prétentieuse ; elle cherche à plaire. Elle vole, se fait mettre trois fois en prison ; mise en liberté, elle se livre à la débauche, prend plaisir à faire de faux rapports, à jeter la désunion dans les familles ; elle est d'ailleurs habile dans les ouvrages de femme ; d'une gaieté franche ; sa conversation est spirituelle, mais entachée de mensonges ; elle aime la musique, le chant et la danse ; sa mémoire est bonne, ses sens sont parfaits ; elle est impressionnable, le malheur d'autrui la touche parfois jusqu'aux larmes ; elle est secourable et aime à consoler ! Mais ses mensonges dénaturent tout, et ses excès crapuleux l'abrutissent. Elle tombe enfin dans un accès de manie et succombe. » Un pareil enchaînement de faits ne permet pas de commentaires.

CHAPITRE VI. — DIAGNOSTIC DES ABERRATION DU SENTIMENT.

Malum est error.

§ 1, NATURE DES ABERRATIONS DU SENTIMENT.

De tout ce que nous avons dit jusqu'à présent sur les aberrations du sentiment doit résulter cette conviction, que ces états sont de.

véritables erreurs du sentiment, se traduisant par des formes différentes chez les individus différents et selon la diversité des impressions dominantes; ce sont, à proprement parler, des vices, des défauts de l'éducation de l'enfance; l'individu les subit plus qu'il ne
les appelle, ils s'infiltrent dans son âme comme un poison agréable
au palais s'infiltre, à notre insu, dans nos organes; nous ne nous
apercevons de sa présence que par ses effets.

S'il existait un psychiatre, peu digne de ce nom, qui pût se mé-
prendre au point de considérer les désordres tels que nous venons
d'en rapporter des exemples, comme des maladies psychiques, nous
nous croirions forcé de lui rappeler que le caractère pathognomo-
nique de cette classe d'affection de l'âme est l'absence de la volonté, du libre arbitre, de la conscience; que, dans les aberrations
du sentiment, le caractère constant, invariable, est dans les troubles du sentiment; que la faculté de connaître subit ces actes, qu'elle
les apprécie même sans pouvoir les modifier, ou bien qu'elle est
atteinte consécutivement : aussi peut-on se convaincre aisément,
en parcourant les observations qui font la base de ce travail, que
les individus qui en font le sujet apprécient plus ou moins leurs
actes, en ont conscience, en rougissent même le plus souvent, et
font alors des efforts pour s'y soustraire, sans toutefois réussir toujours. Combien n'y a-t-il pas, dans le monde, de personnes que vous
avez vues dans un hideux état de vices et de débauches, qui, émues
sans doute de l'horreur de leur situation, ont trouvé assez d'énergie
pour en sortir et que vous revoyez à leur place dans la société?
Étaient-ce là des fous? Nous ne le pensons pas.

On pourrait peut-être aussi nous objecter que la contenance
craintive, le mutisme, l'état passif et les aveux de culpabilité, dé-
notent, chez la jeune fille de l'obs. 7, une forme de *mélancolie*.
Quelques auteurs allemands, Dameron, etc., M. Falret, en France,
et nous-même, dans un travail inédit, avons cité des cas de mélancolie chez des petites filles. Mais l'état de notre malade est bien
différent, il n'est que le résultat d'une intimidation, d'une con-

trainte habituelle, et il disparaît dès que l'enfant est livrée à elle-
même; elle y tombe et elle en sort pour ainsi dire volontairement.
Il n'y a rien d'analogue dans la mélancolie.

A cause de sa petite taille, à cause de la persistance d'une dent
de lait jusqu'à l'âge de dix-sept ans, à cause d'une impulsion au
meurtre, doit-on envisager comme étant une crétine la fille dont
l'histoire est longuement rapportée dans l'obs. 2? Certainement
non. Est-ce parce qu'une maladie a. quelques symptômes de communs avec une autre que les deux ne doivent faire qu'une? Ce
n'est d'ailleurs pas la petitesse de la taille qui est le caractère pa-
thognomonique du crétinisme; ce qui caractérise les individus qui
rentrent dans cette classe, suivant l'honorable M. Ferrus et le professeur Virchow, c'est l'asymétrie des organes, c'est l'inégal, l'irré-
gulier développement des parties du corps : de là un ensemble dis-
gracieux qui frappe dès l'abord. Notre fille ne présente rien de pareil, ni d'ailleurs les autres symptômes du crétinisme ; son impulsion
au meurtre a été la conséquence de ses aberrations du sentiment,
qui, à leur tour, ont exercé cette fâcheuse influence sur les facultés
de l'intelligence. D'ailleurs les travaux de M. Ferrus sont bien con-
cluants, comme le sont, sous ce rapport, les opinions de tous ceux
qui ont vu des crétins, et qui déclarent que les désordres de l'intelligence ne peuvent pas servir pour les définir.

Nous avons essayé de prouver plus haut que les instincts ne peuvent être pervertis ; nous n'avons donc pas de parallèle à établir
entre les instincts et les aberrations du sentiment.

§ 2. MÉDECINE LÉGALE.

Il nous reste un mot à dire encore relativement à la question
médico-légale des aberrations du sentiment ; elle est complexe, mais
l'autorité administrative de la ville de Paris, en admettant dans ses
asiles les enfants dont nous nous occupons en ce moment, lui a déjà
donné un commencement de solution.

Le médecin légiste qui sera consulté pour des cas de ce genre se basera sur les considérations précédentes pour reconnaître les caractères des aberrations du sentiment, pour apprécier les conséquences qui en sont résultées, les désordres qui ont retenti dans les facultés intellectuelles, et pour décider s'il y a discernement ou non. «Lorsque l'accusé a moins de seize ans, dit la loi, il faut, à peine de nullité, que l'on soumette au jury la question de savoir s'il a agi avec discernement. — S'il s'agit d'un délit qui ne soit pas de la compétence du jury, les juges correctionnels, en déclarant la culpabilité, décident implicitement qu'il a eu lieu avec discernement; seulement ils sont tenus d'abaisser la peine, conformément à la loi. » (Art. 66 du Code pénal et 340 du Code d'instruction criminelle.)

Les aberrations du sentiment ne peuvent guère se montrer que dans la première enfance (nous rapporterons ci-après une exception qui laisse encore quelque doute), à cette époque où la raison n'existe encore qu'en germe et où l'âme est comme le jouet de la sensibilité, percevant certaines qualités, discernant le bien et le mal dans certains moments, tandis que dans d'autres elle est emportée, comme malgré elle, par des penchants, des passions et des sentiments. Si l'enfant est âgé de moins de dix ans, comme cela a lieu *toujours* dans les aberrations du sentiment, puisqu'elles sont les vices, les défauts de l'éducation de la première enfance, tous les législateurs s'accordent à dire que ce n'est pas sur la sellette qu'il faut placer ces petits infortunés, mais qu'il faut leur donner une éducation (Rossi, *Tr. du D. P.*).

Si l'accusé a moins de seize ans, le jury ou les juges correctionnels veulent être éclairés par le médecin-légiste sur la question de savoir si l'acte a été commis avec ou sans discernement. L'homme de l'art devra rechercher les caractères des aberrations du sentiment, dans les antécédents, dans l'éducation de la première enfance, et les suivre dans les époques successives de la vie, jusqu'au moment de l'accomplissement de l'acte incriminé. De l'enchaînement des faits, de la prédominance habituelle d'un même ordre de penchants, de la succession des actes dégradant, peu à peu, les facultés de l'âme, enfin de la persistance d'aberrations analogues, il pourra, et seulement alors, conclure qu'il n'y a pas eu discernement.

Le texte de la loi permet le doute et autorise la discussion à laquelle nous nous abandonnons, en laissant aux juges et au jury le droit de décider si l'acte commis est ou n'est pas imputable, jusqu'à l'âge de seize ans. Mais, au-dessus de seize ans, un individu jouissant de la raison est responsable de ses actes. La loi cependant admet ici encore des excuses dans certains cas, lorsqu'il est prouvé, par exemple, que l'acte a été accompli sous l'influence d'une violente passion, pendant l'explosion de laquelle l'homme a été privé momentanément de sa raison : *ira furor brevis*. Ainsi un mari, outragé dans son honneur, commet un homicide dans le premier mouvement d'indignation ; les juges peuvent l'excuser, ce qui a toujours lieu ; non pas cependant que la loi reconnaisse à un homme le droit de se faire justice, mais parce qu'il sera évident qu'il a agi sous l'influence d'une passion violente qui a détruit toute espèce de jugement.

Si le médecin-légiste peut prouver au jury ou aux juges correctionnels que l'accusé, parvenu à l'âge adulte, est sujet à des actes d'aberrations du sentiment qui le privent de la raison et qui l'exposent à des impulsions insolites, il l'assimile à un individu atteint d'une maladie psychique et le rend par conséquent irresponsable, comme dans les circonstances précédentes.

Enfin les actes commis par un adulte pourraient être de la nature de ceux qui, le plus souvent, précèdent l'explosion d'une maladie physique ; et, dans ce cas, le médecin-légiste ne doit se prononcer que sous la plus grande réserve, surtout dans l'état actuel de confusion qui règne en psychiatrie, non-seulement en France, mais aussi dans les pays voisins. Le fait suivant est bien propre à justifier cette opinion. Il s'agit d'une jeune fille, âgée de dix-huit ans, d'un tempérament sanguin, domestique honnête et appréciée par ses maîtres, qui est poussée irrésistiblement à mettre le feu à la maison, six fois dans l'espace de sept semaines; elle volait en même temps de l'argent à ses compagnes. On découvre ses méfaits et on la met en prison. Le procès apprend que cette jeune fille aimait un homme dont elle cherchait à se faire remarquer par sa mise coquette, et comme elle ne gagnait que fort peu, elle comptait faire des vols pendant que les gens de la maison seraient occupés par l'incendie. Elle pensait aussi pouvoir se signaler par son zèle à porter secours; plusieurs fois même, c'est elle qui la première criait au feu, afin de mériter par là une distinction, une récompense. En prison, elle tombe dans une profonde tristesse. Le rapport des professeurs Ideler et Casper (in *Annal. d. Charit. zu Berlin*, 1854) conclut à l'imputabilité des faits, mais le jury pense le contraire, et acquitte la jeune fille. Un an après, elle tombe dans un état de manie aiguë avec des impulsions au suicide. Dans ce cas, il y a eu enchaînement d'aberrations du sentiment, commençant par l'amour, la coquetterie, la vanité, le mensonge, finissant par le vol et les incendies; néanmoins il a mérité l'indulgence du jury dont la décision a été justifiée par les événements. Mais les faits de ce genre qu'un grand nombre de psychiatres allemands considèrent comme des phénomènes prodromiques de maladies psychiques, et qui trouvent une excuse devant la justice humaine, ne sont cependant pas absous par la morale publique, et ils ont besoin d'un interprète éclairé et habitué à déchiffrer dans l'âme humaine les plus mystérieux hiéroglyphes.

Par toutes ces raisons, nous sommes conduit à penser qu'aucune des nombreuses variétés d'aberrations du sentiment qui, au fond, ne sont que des erreurs de la sensibilité, ne doit être imputée à crime; chez l'enfant, ce sont des vices de l'éducation; chez l'adulte, ces aberrations du sentiment peuvent être ou une suite de la mauvaise éducation de l'enfance, ou bien elles peuvent être des prodromes d'une maladie psychique.

Il se présente enfin au médecin-légiste une dernière difficulté, c'est celle de distinguer la simulation de la réalité des aberrations du sentiment. Aux préceptes que nous avons donnés jusqu'ici, nous n'ajoutons que le fait suivant, qui est un curieux exemple de ce genre.

IXᵉ OBSERVATION. — Simulation d'aberrations du sentiment; bonne éducation faite par une tante jusqu'à sept ans; développement régulier des facultés intellectuelles; mauvais traitements d'une belle-mère et du père; caractère craintif, sombre: aveu de fautes simulées, preuves; les facultés de l'intelligence sont très-actives; point de sentiments affectifs; hypocrisie; perversion du père.

G... (Marie) est placée à la Salpêtrière le 28 février 1852, avec le certificat suivant: «Âgée de neuf ans et demi; elle est atteinte de délire partiel, datant de dix-huit mois, ayant débuté soudainement pendant la nuit. Depuis lors, insomnie, désirs de commettre un meurtre pour boire le sang; besoin de déchirer et de détruire. Pas de commencement d'exécution, si ce n'est qu'elle cachait un couteau pour tuer sa sœur; maigreur, céphalalgie, chutes la nuit, émissions involontaires d'urine. Pas d'accidents nerveux, pas de maladies antécédentes. — LASÈGUE.»

Cette enfant ressemble physiquement à son père; l'extérieur de ce dernier est froid, méchant; son œil vif et intelligent n'a rien de tendre; sa parole est brève et sévère, son visage terne et maigre; ses cheveux sont bruns; sa taille est petite, ses membres sont grêles, et les téguments qui les recouvrent sont d'une pâleur livide; ses gestes sont décidés, ses mouvements prompts; il supporte difficilement les contradictions, est irascible, emporté et dissimulé. La mère de cette petite fille est morte des suites de couches, et le père a pris une seconde femme. Il accuse la première d'infidélité; aussi il n'a jamais témoigné d'affection à l'enfant qu'elle lui a laissée. Une tante maternelle prend soin de celle-ci, et l'élève dans de bons principes jusqu'à l'âge de sept ans. Depuis son retour sous le toit paternel, G... (Marie) supporte les tracasseries, la mauvaise humeur de sa belle-mère et le caractère impétueux d'un père indigne qui veut venger sur l'enfant une faute dont il croit que la mère a été coupable. Toutes les caresses sont pour les enfants du second lit; les mauvais traitements, les coups, les reproches sévères, sont le partage de la pauvre Marie; elle conserve un fond de chagrin et de tristesse; elle maigrit, elle dépérit. Les voisins, souvent attendris par les cris et les gémissements étouffés de cette pauvre enfant, adressent au commissaire de police une plainte contre les parents. Le magistrat interroge le père, qui lui ap-

— 55 —

prend que cette petite fille est douée du naturel le plus perverti ; qu'elle ne témoigne d'affection à personne; qu'elle insulte sa belle-mère; qu'elle la menace
de la faire mourir, ainsi qu'une petite sœur issue du second lit, et que les punitions les plus sévères ne produisent point de changement. De nouvelles tentatives
devront être essayées pour faire éclore des sentiments affectifs dans l'âme de la
petite fille et pour corriger ses mauvaises impulsions.

Les parents se plaignent aux voisins des mauvaises dispositions de leur fille; ils
lui imputent les faits les plus monstrueux : la petite Marie jette l'effroi dans sa
famille; elle veut couper sa belle-mère en morceaux pour sucer son sang; elle
veut couper la tête à une petite sœur ; elle a un besoin de sucer du sang humain ;
elle détruit ce qui est à sa portée; elle déchire ses vêtements et ceux de ses parents; il faut la tenir attachée pour l'empêcher d'accomplir ses sinistres projets.
Cette enfant ne sait ni lire ni écrire ; au lieu d'aller à l'école, dit le père, elle va
s'amuser avec des petits garçons. C'est un monstre affreux sous les dehors de la
douceur et de la résignation.

Le commissaire de police, intervenant une seconde fois, après de nouvelles
plaintes de la part des voisins, trouve l'enfant attachée au pied d'un lit; il
l'interroge, elle avoue qu'elle voudrait tuer sa belle-mère pour sucer son sang,
qu'elle en ferait autant de sa petite sœur, parce que celle-ci est aimée plus
qu'elle; que préoccupée de ces idées de meurtre, elle ne dort ni jour ni nuit;
que briser, casser, déchirer, est devenu pour elle un besoin; c'est pour éviter ces
malheurs qu'on l'attache, etc. etc. Un procès-verbal est dressé de tout cela, et
la petite fille est placée à la Salpêtrière.

Nous apprenons des gens du service, qu'à son entrée, cette enfant était maigre,
pâle ; que son corps était couvert de contusions ; que son visage sombre expri-
mait l'inquiétude, la frayeur; qu'elle baissait les yeux quand on lui parlait, res-
tait muette comme dans une sorte d'hébétude et d'anéantissement, ou bien elle
répondait par oui et non; quand on lui demandait si elle avait commis telle ou
telle faute, c'était toujours oui. Ainsi, un jour il manquait un livre de classe,
l'institutrice accuse Marie de l'avoir pris; celle-ci l'avoue, et en lui demandant
ce qu'elle en a fait, elle répond qu'elle l'a déchiré et qu'elle en a mâchonné les
feuillets. On l'en punit par une douche; l'enfant supporte tout sans se plaindre,
sans témoigner de colère.

A mesure qu'on put mieux l'étudier, on reconnut qu'elle était hypocrite; sa
dissimulation était calculée et fixe; elle témoignait de l'affection à ses supérieurs;
elle les embrassait et faisait de faux rapports sur ses camarades; mais elle n'avait
d'affection vraie, réelle, pour personne; elle obéissait, mais n'avait point de
dévouement; le besoin de sucer du sang humain ne se faisait pas bien sentir; on

lui confiait des petits enfants dont elle aurait pu facilement avoir du sang ; quand
une de ses camarades se coupait ou se piquait, elle n'en éprouvait aucune impression, et quand on le lui faisait remarquer, elle disait avec empressement :
Ah oui, j'aime bien le sang ! Mais il était facile de voir que c'était feint, que c'é-
tait un devoir et non un bonheur pour elle.

Elle était détestée, à cause de son hypocrisie, de toutes ses compagnes ; elle
n'avait pas de camarades ; elle n'avait d'abandon pour personne, aimait à rester
seule, mais se rendait utile au ménage et en classe. Son intelligence la plaçait à
la tête des autres enfants de son âge ; elle devint moniteur, et après huit mois de
séjour dans la division, elle obtint le prix de bonne conduite. C'est depuis cette
époque que nous la connaissons.

La petite Marie avait, à cette époque, un peu plus de dix ans, sa taille était
de 1 mètre 225, ses muscles étaient grêles ; elle avait peu d'embonpoint, ses
téguments étaient d'un rose pâle, son maintien composé, son air réservé et froid :
son habitude extérieure n'était pas d'une petite fille de son âge.

Ce qui frappe tout d'abord dans son habitude extérieure, c'est le volume
énorme de la tête, relativement au reste du corps. Cette disproportion porte
principalement sur le crâne ; la face est large, s'éfilant vers le menton ; le front
est bas, un peu saillant en haut et en avant ; les bosses frontales sont peu développées, tandis que les pariétales le sont excessivement, de même que les proéminences des régions temporales ; les bosses occipitales sont peu saillantes. Les
dimensions plus précises sont :

Circonférence fronto-occipitale...	0,500
Courbure naso-occipitale........	0,302
Diamètre naso-occipital.........	0,162
— bi-mastoïdien.........	0,105
Côté naso-auriculaire............	0,095
— maxillo-auriculaire.........	0,090
— naso-maxillaire............	0,045

Les organes des sens fonctionnent régulièrement de même que les appareils
de la vie végétative ; les facultés intellectuelles sont développées comme chez les
enfants les plus intelligents de son âge ; elle est agile, adroite, légère à la danse,
souple et active à la gymnastique ; toutes ces qualités physiques et intellectuelles
manquent cependant de sentiment et de grâce ; cette petite fille est toujours
sombre, inquiète, froide, insensible à tout ce qui ne touche pas sa petite vanité
ni son amour-propre. Elle ne fait d'ailleurs d'autre mal que de rapporter de faux
propos sur ses compagnes en feignant un grand étonnement ou soumission à ses

supérieures. Mais elle ne montre ni colère, ni même emportement; elle ne vole pas quoiqu'elle se laisse toujours appeler voleuse et buveuse de sang. Pour avoir une certitude plus grande de ce que nous venons d'avancer, nous convenons avec l'institutrice de cacher un livre, et d'accuser Marie de l'avoir volé et déchiré. Celle-ci convient, en effet, qu'elle l'a pris et qu'elle l'a anéanti. En lui montrant le livre intact et en lui prouvant qu'elle ne l'a pas volé, elle persévère dans son dire néanmoins avec entêtement, soutenant que ce n'est pas le même, et finit par conserver le mutisme le plus obstiné. Jamais, depuis lors, de pareille scène ne s'est renouvelée; cette jeune fille n'a mérité que de l'encouragement dans sa bonne voie et des éloges pour sa conduite. Un jour même, en juillet 1853, à la veille de faire sa première communion, à cette époque solennelle où la conscience se dévoile dans toute sa nudité, « Marie avoue à l'institutrice que sa belle-mère la maltraitait, que son père la frappait souvent pour lui faire dire qu'elle voulait tuer sa belle-mère et sa sœur, qu'elle avait besoin de sucer du sang, » mais ce n'est qu'un aveu extorqué dans un instant solennel, aveu qu'elle désavoue le lendemain et qu'elle n'a jamais voulu confesser; elle avait frémi en le faisant. L'habitude contractée sous l'influence de la terreur semble être devenue une loi naturelle.

Le père, qui est resté plus d'un an sans voir son enfant, qu'il prétendait tant aimer, le père, qui n'est même venu la voir qu'après avoir reçu plusieurs avis de l'administration, feint, au dire de tous les spectateurs, de faire des caresses à sa fille; sa visite ne produit pas sur celle-ci cette douce impression, ce bonheur si naturel à un enfant qui n'a pas vu son père depuis longtemps. A la seconde et dernière visite, alors que le père reprend son enfant, d'après l'ordre de l'administration, l'institutrice, à laquelle il témoigne de la reconnaissance pour le changement qu'elle a opéré chez sa fille, lui répond que Marie a toujours été une élève douce, obéissante et intelligente, qu'elle n'a jamais fait de désordre, qu'elle n'a pas volé, qu'elle n'a pas montré les impulsions vicieuses signalées lors de son admission dans l'asile, et qu'elle n'a d'autre défaut qu'un manque de franchise nuisant à elle-même et à ses compagnes. Le père, blessé, saisit son enfant brusquement, et la tenant dans ses bras, lui adresse des demandes qui laissent clairement voir les réponses à faire; la petite fille avoue de nouveau, avec son air contraint et sombre, d'avoir tous les vices et défauts qu'on énumère. Le père dénaturé avait déjà repris tout son ascendant et l'exerçait despotiquement.

Quel avenir est réservé à cette malheureuse enfant! La société ne devrait-elle pas se substituer dans les droits de parents indignes!

Cette jeune fille est rendue à son père le 4 décembre 1853.

Si les faits de ce genre ne peuvent être atteints par la justice humaine, ils excitent au moins l'indignation publique, et appellent le châtiment de Dieu.

CHAPITRE VII. — TRAITEMENT.

*Die Frau ist die Mutter des Geistes ebenso-
wohl als des Korpers ihres Kindes.*
(TILT u. FRORIEP, *Hyg. d. weiblich.*, Gesch. 12.)

Jusqu'ici nous avons vu comment le sentiment se dévie; nous avons constaté que l'origine de ses aberrations remonte jusque dans la première enfance ; que la cause constante, occasionnelle, réside dans une mauvaise direction de l'éducation. Pour que les sentiments bizarres et variés de la première époque de la vie soient réglés et dirigés de manière à les faire concourir au développement psychique et physique de l'enfance, il faut le dévouement d'une femme, les sacrifices d'une mère. Ce sont là des qualités de l'esprit et du corps, dont la société devrait chercher peut-être à orner davantage les femmes du 19e siècle. « Le meilleur moyen, disent Tilt et Froriep (loc. cit., 10), pour arriver à l'amélioration de l'espèce humaine, c'est l'amélioration de la santé de la femme, car elle est le moule dans lequel le genre humain prend la forme. » Et, chose singulière, c'est précisément ce sexe, *formateur* et *éducateur* de la famille humaine, qui a en germe le plus de prédispositions aux aberrations du sentiment.

Les jouissances et les souffrances, seuls mobiles de l'enfance, naissent du monde objectif et du monde subjectif; c'est par elles que commencent les aberrations du sentiment ; c'est donc dans la modération, dans l'harmonie des peines et des plaisirs de la première enfance, qu'il faut chercher les moyens prophylactiques à opposer à ces maux psychiques ; mais il s'agit bien moins d'inventer des moyens extraordinaires que de suivre seulement la route tracée par la nature, et de favoriser l'éclosion de ce que chacun apporte au monde virtuellement ; déroger aux grandes lois du bon sens et de la morale générale, c'est corrompre les bons sentiments, c'est fausser l'éducation. « J'appelle éducation la vertu qui se montre dans les enfants, et lorsque leurs plaisirs, leurs amours et leurs haines, sont conformes à l'ordre, sans qu'ils soient en état de se rendre compte des bonnes habitudes auxquelles on les a formés » (Platon, *les Lois*, trad. de Cousin, t. 7, p. 72). Seulement ce n'est pas à l'aide du système d'éducation que ce grand philosophe propose dans sa *République,* qu'il aurait développé cette vertu dans le cœur de l'enfant ; c'est une des grandes gloires du christianisme d'avoir relevé la femme, d'avoir confié la tutelle du genre humain à la mère : « C'est la femme, disons-nous en tête de ce chapitre, qui est à la fois la mère de l'esprit et du corps de son enfant. » La femme est surtout la mère de l'homme moral ; c'est elle qui grave dans l'âme tendre de l'enfant les premières impressions, les sentiments et les notions qui, suivant la pensée du stoïcien Philon, sont comme les odeurs et les saveurs que les vases neufs conservent toujours de la première liqueur qu'ils ont contenue. « Qu'une fois les femmes redeviennent mères, bientôt les hommes redeviendront maris et pères » (*Émile,* liv. 1).

En effet, chez la plupart de nos enfants, ce sont les soins de la mère qui ont fait défaut ; ils ont le plus souvent complétement manqué. Quelquefois la faiblesse des parents, leur mauvaise direction toujours a été la cause occasionnelle des aberrations des sentiments ; ainsi, après avoir reconnu les désordres, le psychiatre doit s'efforcer d'éloigner l'enfant du milieu perturbateur, de le soustraire à l'influence préjudiciable qu'il ressent au foyer domestique, *sublata causa, tollitur effectus,* ce qui constitue d'ailleurs la pratique suivie généralement dans les maladies psychiques. Nous ne sommes pas en contradiction avec nous-même en recommandant cette méthode de

traitement , parce que nous ne voulons substituer l'autorité étrangère à celle de la famille que quand nous avons sous les yeux les
tristes conséquences de celle-ci. Ce n'est pas seulement l'enfant cor-
rompu au sein de sa famille qu'il est urgent de confier à une éducation mieux appropriée à sa nature, mais les faits consignés dans
ce travail nous donnent aussi cette conviction profonde, que les parents qui , par un motif quelconque, ont tenu éloignés d'eux leurs
enfants pendant les trois ou quatre premières années de leur existence , sont incapables de réprimer leurs mauvaises dispositions et
leurs penchants vicieux ; l'harmonie , la confiance , la sympathie ,
n'ont pas scellé, depuis la naissance, ce rapport intime entre les
parents et leurs enfants ; l'autorité de ceux-là paraît une injustice à
ceux-ci (obs. 5) ; tandis qu'une direction étrangère sera plus calme,
plus ferme, et paraîtra en même temps remplir un devoir. L'enfant
dont le sentiment est dévié ne reconnaît que des droits ; pour le ramener à ses devoirs, il faut une autorité sévère , mais juste et sage.
Socrate (in *Gorgias*) nous apprend déjà que , pour délivrer l'homme
du plus grand des maux, du mal de l'âme, la punition doit être sage
et juste ; que seulement alors elle devient *une médecine morale*.

Le but de cet éloignement étant de remplacer une éducation
mauvaise , vicieuse, par une autre mieux appropriée à l'individu, il
convient que celle-ci commence le plus tôt possible , puisque les
progrès paraissent avoir, vu l'âge, un rapport que nous avons indiqué plus haut , d'après le Dr Stow.

Les aberrations du sentiment peuvent se montrer également ,
quoique plus rarement, pendant l'adolescence ou dans un âge où
l'homme jouit de la raison ; nous en avons cité un cas plus haut. Le
moyen à employer pour les combattre alors est beaucoup plus
simple , mais pas moins difficile ; il est pratiqué journellement dans
le monde ; il consiste à opposer un sentiment honnête, juste,
bon, à un sentiment vil, injuste, faux , mauvais. C'est là une méthode substitutive, une sorte de révulsion morale , une médication
homœopathique du sentiment , *similia in similibus*. Cette médica-

tion, que personne ne confondra avec celle des infiniment petits, produit sûrement de grandes et belles cures. Les faits qui s'y rapportent sont communs dans la vie ordinaire ; nous ne citerons que le suivant, qui se rapporte au célèbre compositeur J. Haydn. Un jour qu'il se trouvait réuni avec d'autres artistes, on posa cette question : « Quel est le moyen qui pourrait le mieux et le plus rapidement ranimer, relever les forces morales intimes de notre nature, lorsqu'elle est épuisée par des fatigues ou autrement ? » L'un des artistes dit que, dans cet état, il s'égaye avec une bouteille de vin de Champagne ; un autre, qu'il cherche de la distraction dans la société. Mais Haydn, interrogé sur le moyen qu'il emploie afin de soutenir son activité morale dans ses nombreuses compositions, répond qu'il possède dans sa maison une petite chapelle ; qu'il y va prier quand ses forces épuisées l'abandonnent, et que ce moyen ne lui a jamais fait défaut. (In *Gesch. der Seele*, Schubert, t. 2, p. 29.)

Notre but, en traçant l'histoire d'une entité morbide, nouvelle dans la psychiatrie, n'a pas été seulement de décrire des aberrations du sentiment qui ont leur origine dans la première enfance, généralement trop négligée ; mais d'indiquer aussi l'influence fâcheuse que ces désordres exercent sur le développement de l'exercice des facultés de l'intelligence, de montrer ensuite quelle liaison intime existe entre elles et les terribles maladies psychiques, d'appeler enfin la clémence de la justice sur le sort d'une classe d'êtres qui sont bien moins coupables qu'ils ne sont à plaindre.

9

TABLE DES MATIÈRES.

PARIS. — RIGNOUX, IMPRIMEUR DE LA FACULTÉ DE MÉDECINE,
rue Monsieur-le-Prince, 31.

www.ingramcontent.com/pod-product-compliance
Lightning Source LLC
Chambersburg PA
CBHW070943280326
41934CB00009B/2000